Eisenbahnen der Welt

Nordamerika

Dank
Nachfolgende Personen und Bahngesellschaften haben mit Informationsmaterial, Freikarten und Bildern wesentlich zum Gelingen des vorliegenden Bandes beigetragen:
- Mrs. Sue S. Martin, Senior Director Public Affairs, Amtrak, Washington
- Mr. W. H. Coo, Manager Travel Communications, VIA-Rail, Montréal
- Sen. Dante Limón, Jefe Relaciones Públicas, Ferrocarriles Nacionales de Mexico

Idee, Gestaltung und Produktion: Edition Lan AG, Zug
Auslieferung: Orell Füssli Verlag Zürich und Wiesbaden
Printed by Gorenjski tisk, Kranj, Jugoslawien
ISBN 3 280 01975 3

Andrés Toroja / Ronald Gohl / Werner Hardmeier

Eisenbahnen der Welt

Nordamerika

Eisenbahn Reise Verlag

Inhaltsverzeichnis

Einführung — Erlebnis und Geschichte der Eisenbahn in der Neuen Welt

Irgendwo in den Wäldern von Montana kündigt das Aufheulen einer Zugsirene das Ereignis an. Nach mehreren Minuten Stille wieder das Horn, diesmal etwas näher. Aber es vergeht noch eine Weile, bis auch ein leises Brummen zu

hören ist. Bald wird er hier sein, die Vögel in den Wäldern fliegen erschreckt auf. Das Brummen wird zum Donnern, eine Gänsehaut überkommt den Zuschauer.

Als er um die Ecke biegt, zittert der Boden. Der schwere Güterzug stampft vorbei. Fünf Lokomotiven werden gezählt, der fast endlose Zug muss über 5000 Tonnen schwer sein. Allmählich kehrt wieder Ruhe ein. Der freundliche Gruss des Lokführers bleibt noch lange in Erinnerung.

Wer es eimmal erlebt hat, wird es nicht so schnell vergessen. Die nordamerikanischen Eisenbahnen sind kein Massenprodukt, jeder Zug ist ein neues Erlebnis. Allein schon der Anblick einer bulligen Lokomotive mit ihren typischen Formen versetzt jeden Amerika-Neuling in Staunen. Das Staunen verlernt haben dagegen die Amerikaner. Sie kehrten ihren Eisenbahnen den Rücken. Luft und Strasse haben der Schiene im Land der unbegrenzten Möglichkeiten schwere Zeiten beschert. Einst der Stolz der Nation, gerieten die nordamerikanischen Privatbahnen in den siebziger und sechziger Jahren in eine schwere Krise. Nicht nur im Personen-, auch im Güterverkehr gingen die Umsätze zurück.

Dabei hatte alles so vielversprechend angefangen. Als erste Eisenbahn auf dem nordamerikanischen Kontinent wurde 1827 die Baltimore & Ohio Railroad gegründet. Sie stellte sich die schwierige Aufgabe, von Baltimore in Richtung Westen eine Verbindung zu erstellen. Die genaue Linienführung lag noch nicht fest, als die ersten Kilometer Gleise verlegt wurden. Sieben Jahre später war in Harpers Ferry ein erstes

Amerikanische Lokomotiven dampfen nicht mehr. Die Erinnerungen sind geblieben (links). Heute stehen im Westen der USA Doppelstock-Kompositionen (S. 5) und in Kanada moderne EMD F40 Lokomotiven (unten) im Einsatz.

Ziel erreicht. Die B & O hielt sich übrigens recht lang, erst 1973 übernahm die Chessie System Railroad Rollmaterial und Gleisanlagen der Baltimore & Ohio. Ein weiterer Meilenstein in der Geschichte der nordamerikanischen Eisenbahnen war der Bau der ersten transkontinentalen Strecke. Die Stelle des berühmten Promontory-Point, wo am 10. Mai 1869 die Begegnung der Lok 119 der Union Pacific und der »Jupiter« von Central Pacific stattfand, befindet sich nicht mehr im Streckennetz der Bahngesellschaften. An jenem Ort wurde ein Stück amerikanische Geschichte geschrieben, denn nach siebenjähriger Bauzeit war die erste Verbindung von der Ost- zur Westküste vollendet.
Die Central Pacific existiert nicht mehr, sie wurde von der Southern Pacific aufgekauft. Auch die historischen Gleise am Begegnungsort sind verschwunden. Nach einer neuen Streckenführung direkt über den Salzsee schmolz man 1942 die Schienen von Promontory ein und goss daraus Waffen für den Zwei-

Durch die nordmexikanische Halbwüste keucht ein „Misto". Den beiden Lokomotiven folgen sieben Güterwagen, zwei Postwagen, ein Packwagen, ein Zweitklasswagen, ein Erstklasswagen und ein Schlafwagen.

ten Weltkrieg. Schade; damit wurde eines der bedeutendsten. Eisenbahndenkmäler einem sinnlosen Vernichtungswerk geopfert.

Zu den bekanntesten Zügen in der Geschichte der amerikanischen Eisenbahn gehört der „Twentieth-Century-Limited" der New York Central (New York-Chicago), der „Super Chief" der Santa Fe (Chicago-Los Angeles) und der „Empire Builder" der Great Northern (Chicago-Seattle). Noch heute denken manche eingefleischte Railroader mit Wehmut an die Zeit der grossen Personenzüge zurück.

Vielleicht wird die Eisenbahn auch im Land der unbegrenzten Möglichkeiten bald eine Renaissance erleben. In Florida soll bereits 1995 die neue Hochgeschwindigkeits-Bahnstrecke Miami—Orlando—Tampa eröffnet werden.

Die Bahngesellschaften in Nordamerika und ihr Schicksal in den sechziger und siebziger Jahren

Motorisierte Draisinen (unten) befördern die Bahnarbeiter auch in abgelegene Gebiete, wie zum Beispiel die Rocky Mountains. Durch prächtige Gebirgslandschaften rollt auch der Amtrak-Zug „Empire Builder" (S. 9).

Eine Elefantenhochzeit mit bösen Folgen feierten 1968 die Pennsylvania Railroad und die New York Central, die beiden grössten Bahn-Gesellschaften im Osten der USA. Keine zwei Jahre dauerte die Ehe; 1970 war die neue Penn Central bereits bankrott. Ähnlich erging es anderen Bahnen. Die Ursachen für den Zusammenbruch der Eisenbahnen in den USA fand man im harten Konkurrenzkampf der Gesellschaften untereinander und vor allem durch die wachsenden Marktanteile anderer, teilweise staatlich subventionierter Transportmittel.
Die renommierten Gesellschaften Santa Fe, Union Pacific und Southern Pacific klagten ebenfalls über die Rezession. So sehr sie sich auch im Passagierverkehr anstrengten, es war kaum ein Teil des an die Luftlinien verlorenen Geschäfts wieder einzubringen.
Die meisten US-Bahnlinien entledigten sich deshalb Ende der sechziger-Jahre des schon lange defizitären Reiseverkehrs. In der Folge gründete die Regierung 1970 die „National Railroad Passenger Corporation" (Amtrak), die, mit staatlichen Mitteln finanziert, wenigstens den Verkehr auf den wichtigsten Strecken sicherstellte. Es entstand aber auch ein Gesetz zum regionalen Wiederaufbau der Eisenbahn. Ein grosses Streckensanierungsprogramm machte die meisten Gesellschaften wieder konkurrenzfähig. Die höheren Fahrge-

schwindigkeiten und der Ausbau auf Doppelspur einzelner Linien halfen mit, Marktanteile im Güterverkehr zurückzugewinnen.

Dem Personenverkehr treu blieb bis 1979 die Southern Railways mit ihrem Zug „Crescent“ (New York-New Orleans) und bis 1983 die Denver & Rio Grande Western Railroad mit dem „California Zephyr“ (Chicago-San Francisco). Einige Privatbahnen betreiben heute weiterhin die rentablen Nahverkehrszüge (englisch: „Commuter Trains“), so zum Beispiel die Burlington Northern im Auftrag der „Regional Transportation Authority“ von Chicago.

Die Bahnen in Kanada erlebten kein besseres Schicksal. Die beiden wichtigsten Gesellschaften Canadian Pacific (CP) und Canadian National (CN) traten 1977 ihr defizitäres Personenzug-Mandat an die staatliche Agentur VIA-Rail ab. Im Gegensatz zu Amtrak arbeitet VIA heute nicht annähernd kostendeckend, obwohl bereits viele verlustträchtige Linien eingestellt wurden. In Kanada verkehren aber auch Fernreisezüge von privaten Gesellschaften. Zwischen Toronto und Moonsonee an der James Bay fahren die Züge der Ontario Northland Railway. Diese Bahn war es auch, die 1977 Verwendung für den alten europäischen TEE-Dieseltriebzug RAm I fand. Die Komposition steht noch heute im Einsatz. Die British Columbia Railway betreibt einen Personenzug, den „Cariboo Dayliner“, von Vancouver nach Prince George. Die staatliche Canadian National ist mit dem Zug Nr. 289/290 Edmonton-Ft. McMurray ebenfalls noch im Passagiergeschäft.

Die Vergangenheit der mexikanischen Eisenbahngesellschaft „Ferrocarriles Nacionales de México“ (FNM) ist weniger bewegt. Seit 1908 befinden sich praktisch alle Schienenkilometer unter staatlicher Obhut. Die einzige Erneuerung in der Geschichte der FNM fand wahrscheinlich statt, als die US-Gesellschaften in den siebziger Jahren ihre alten Personenwagen abstiessen, und diese von den Mexikanern günstig erworben werden konnten.

In jüngster Zeit gibt sich die Bahngesellschaft jedoch Mühe, das angeschlagene Image (alles kaputt, grosse Verspätungen) aufzumöbeln. Seit einigen Jahren verkehren auf den wichtigsten Routen Vierstern-Züge, die mit den Komfortzügen der Amtrak oder VIA-Rail zu vergleichen sind. Als wichtigste Privatbahn mit Personenzugverkehr konnte bis 1987 die „Ferrocarril de Chihuahua al Pacifico“ (CHP) erwähnt werden. Diese Gesellschaft (inzwischen verstaatlicht) unterhält zwischen Chihuahua und der Pazifikküste bei Los Mochis den beliebten Touristenzug durch den Cooper Canyon.

Leider sind die italienischen Dieseltriebwagen mit Barabteil und der „Vista Tren“ mit seinen Glaskuppel-Aussichtswagen seit September 1989 von der Gebirgsstrecke abgezogen und für Dienstzwecke umgebaut worden.

VIA-Rail — verschleudert die Regierung Steuergelder für eine wenig attraktive Bahn?

Auch in Kanada übernahm eine Bundesbahn den defizitären Personenverkehr. Seit 1977 sind die Züge der VIA-Rail auf vielen Strecken präsent. Der „Hudson Bay" (unten) schafft eine Verbindung von der Prärie in die Tundra.

Sie kamen aus der ganzen Welt, um Kanada zu sehen, das Fenster eines Zuges war ihr Logenplatz. Sie erlebten alles; die gewaltigen Nadelwälder, Tausende von kleinen und grossen Seen, die Prärie und das wilde Felsengebirge der Rocky Mountains. Die Landschaft war wie ein Film, und die Eisenbahnräder schlugen den Takt zu einer Reise in den Westen. Sie liebten den Zug, und er war während der Sommermonate täglich ausgebucht.

Vielleicht gibt es ihn bald nicht mehr, denn in keinem anderen Land der Welt steht der Schienen-Reiseverkehr auf so wackligen Füssen wie in Kanada.

„Canadian Pacific" und „Canadian National", die jahrzehntelang um Marktanteile warben, haben sich längst aus dem Geschäft der Eisenbahnreisen zurückgezogen. Ihre zwei Traumzüge wurden aber zur Legende, der „Canadian" und der „Super Continental" machten dem Land mit seinen gut 80'000 Eisenbahnkilometern viel Ehre. Kanadas Reiseangebot mit der Bahn ist nicht sehr attraktiv. Ausser den modernen LRC-Kompositionen, die zwischen Québec und Windsor durch den Korridor eilen, geht die letzte Bestellung von Personenwagen auf die fünfziger Jahre zurück. Die Verbindungen sind dürftig, die Züge unpünktlich. Wer reist noch gerne mit einer solchen Bahn? Doch es kommen immer mehr Touristen und füllen den „Canadian", Kanadas Paradezug. Die Antwort der Regierung: Statt sieben wöchentlichen

Zugspaaren verkehren ab 1990 nur noch deren drei.

Am 12. Januar 1977 hat die neugegründete staatliche Agentur „VIA-Rail" die undankbare Aufgabe übernommen, den Personenverkehr auf Kanadas Eisenbahnstrecken sicherzustellen. Was der US-Gesellschaft „Amtrak" in wenigen Jahren gelang, missglückte der VIA-Rail gründlich.

Es fehlt an Innovation und an der so notwendigen Rückendeckung durch die Regierung. Investiert wurde einzig in das LRC-Konzept. Unter dem Motto „Light, Rapid and Comfortable" versucht die VIA-Rail, Flugzeug und Privatwagen zu konkurrenzieren. Was in Europa recht war, konnte in Kanada doch billig sein. Ohne Milliarden für Hochgeschwindigkeitsstrecken zu investieren, glaubte die VIA-Rail, den Geschäftsmann lediglich mit stromlinienförmigen Kompositionen zu ködern. Seither werden die LRC's mässig benutzt, man trifft einzelne Reisende, auch solche mit einer Aktentasche. Der durchschlagende

Bis 1989 wartete in Sudbury (links) täglich ein Anschlusszug auf den transkontinentalen „Canadian". Nachdem die Maschine aufgetankt worden ist (unten), setzt der Lokführer seinen Zug westwärts (S. 16) in Bewegung.

Erfolg blieb jedoch aus. Es fehlt einfach an Tempo. Während der französische TGV mit 285 km/h und der US-Metroliner mit 203 km/h über die Strecke donnert, begnügen sich die Kanadier mit 152 km/h.

Die Forderungen der Eisenbahngewerkschaften sorgen ihrerseits dafür, dass VIA-Rail niemals rentieren wird. Misswirtschaft in der Verwaltung (über 60 Prozent aller Bediensteten arbeiten dort!) sowie die fehlende Schlagkraft des Managements brachte den ohnehin schon angeschlagenen Passagierlinien wenig Vitalität.

Eigentlich hätte Kanada Grund, auf seine Eisenbahnen stolz zu sein, sie erschlossen dem Land unermessliche Bodenschätze und trugen wesentlich zu Wohlstand und Reichtum bei. Millionen von Siedlern strömten nach dem Bau der transkontinentalen „Canadian Pacific"-Linie in den Westen, besiedelten die Prärie, die Rocky Mountains und die Pazifikküste im grossen Stil. Doch die Bevölkerung selber war es, die den grossen Passagierzügen das Rückgrat brach. Der Kanadier steht nicht mehr hinter seiner Bahn und kritisiert jeden Dollar Subvention, welcher die Regierung an die VIA-Rail verschleudert. Jährlich werden deshalb weitere Strecken stillgelegt. Bald wird es vielleicht gar keine Personenzüge mehr im zweitgrössten Land der Erde geben. Eine Reise mit der Bahn wird dann möglicherweise nur noch den Reichen und Superreichen als nostalgisches Erlebnis angeboten. Ein solcher Trend zeichnet sich bereits in diesen Jahren ab, verkaufte doch die VIA-Rail die Rechte an ihrer weltberühmten „Canadian"-Route. Künftig wird man zweimal monatlich im Luxuszug einer privaten Reisegesellschaft die spektakulären Szenen am Lake Superior und im Banff National Park erleben. Die nicht einmal dreitägige Fahrt kostet zwischen 2000 und 3600 kanadische Dollars. Der fahrplanmässige „Canadian" wurde auf eine nördliche Strecke durch die Wälder verbannt.

Im Gegensatz zu den USA operieren in Kanada auch noch Privatbahnen mit Passagierlinien. Es sind dies die „British Columbia Railway", die „Algoma Cen-

tral“ und die „Ontario Northland“. Die staatliche Agentur VIA-Rail beschäftigt im Unterschied zu „Amtrak“ keine eigenen Lokführer. Diese werden von den beiden grossen Frachtlinien „CP-Rail“ und „CN-Rail“ gestellt, auch die Strekken befinden sich in deren Besitz, und die „VIA-Rail“ zahlt saftige Benutzungsgebühren.

Was bei der staatlichen Agentur an Innovation fehlt, haben die Frachtlinien längst realisiert. So sind beispielsweise transkontinentale Güterzüge im Einsatz, die auf einer Kehrschleife am Endpunkt automatisch entladen und beladen werden. „CN-Rail“ und „CP-Rail“ haben sich längst zu international tätigen Konzernen mit eigenen Hotelketten, Fluggesellschaften und Schiffslinien gemausert.

Noch immer sind in Kanada die in den fünfziger Jahren berühmt gewordenen Chromstahlzüge unterwegs. Die 1953 von der „Canadian Pacific“ bestellten 173 Luxuswagen stellten die Fahrzeugwerke der „Budd Company“ in Philadelphia her. Entworfen wurden die Wagen vom damals sicher gefragtesten Industriedesigner Raymond Loewy. Auch auf den Linien der „Union Pacific“ und der „Rio Grande“ verkehrten diese Luxuszüge mit ihren charakteristischen „Domecars“. Die CP-Rail bestellte gleich 18 dieser heute noch beliebten Aussichtswagen.

National Railroad Passenger Corporation (Amtrak) — seit zwei Jahrzehnten auf Erfolgskurs

Die „National Railroad Passenger Corporation", besser bekannt unter dem Kürzel „Amtrak", übernahm am 1. Mai 1971 das zusammengebrochene Netz der US-Fernreisezüge. „Amtrak" bedeutet frei übersetzt so viel wie „Amerikanischer Schienenweg". Auf dem fast 40'000 km grossen Streckennetz werden jährlich 20 Millionen Passagiere befördert. Das ist nicht viel, die Französischen Staatsbahnen SNCF transportieren vergleichsweise täglich über 2 Millionen Fahrgäste auf dem 34'000 km grossen Netz. In der Neuen Welt gelten andere Masssstäbe, längst ist das Reisen mit der Bahn nicht mehr modern. Amtrak bedient lediglich 480 Bahnhöfe im ganzen Land, die meisten Langstreckenzüge sind unpünktlich, und das Angebot präsentiert sich recht dürftig. Praktisch alle Destinationen sind mit dem Zug nur einmal täglich zu erreichen.

Dennoch lebt es sich in den Fernreisezügen recht bequem. Wer schon einmal zwanzig oder mehr Stunden in einen engen Greyhound-Bus gepfercht war, wird die Bewegungsfreiheit im Zug schätzen. Seit der Einführung der Ganzstahlwagen gilt die Bahn in den Vereinigten Staaten als sicherstes Verkehrsmittel.

Für eine Amtrak-Reise spricht auch das Erlebnis der Fahrt. Wer in mehreren Tagen von New York nach San Francisco rollt, entspannt sich im bequemen Polster und geniesst die Grösse und Vielfalt Amerikas. Schnell jetet es sich in wenigen Stunden an den Pazifik, vom Land hat man dabei jedoch kaum etwas gesehen. Eine Amtrak-Reise fordert Zeit. So sind es die Touristen, Pensionierte und Familien, die sich auf den grossen Routen tummeln. In den letzten Jahren konnten mit dem Schlagwort „Sicherheit" auch Flugpassagiere abgeworben werden. Es kamen sogar so viele, dass es bei Amtrak heute an Lokomotiven und Personenwagen mangelt. Die 220 täglichen Intercity-Züge sind praktisch das ganze Jahr gut belegt, manchmal sogar ausgebucht.

Als im Mai 1971 alles begann, war es keine leichte Aufgabe, die Amtrak übernahm. Die meisten Lokomotiven und Stationen gehörten noch immer den Privatbahnen, ein grosser Teil des Personals arbeitete nicht für Amtrak, Tickets und Reservationen wurden wie zu Grossvaters Zeit von Hand geschrieben. Mit den über 20-jährigen Personenwagen in allen Regenbogenfarben liessen sich auch keine neuen Passagiere werben. Dennoch hat Amtrak alle Arbeiten mutig in die Hand genommen. Es wurde rationalisiert und investiert. Das innovative Marketing trat zu einem beispiellosen Erfolgskurs an. Wenigsten ein kleiner Teil der Amerikaner reiste wieder mit der Bahn, die Werbung im Ausland brachte die Touristen. Amtrak beschaffte sich im Laufe der Jahre modernes Rollmaterial, zentrale Computer nehmen heuten Reservationen entgegen und die lokalen Terminals stellen Tik-

489
Amtrak
489

Die USA haben prächtige Eisenbahnstrecken zu bieten (links). Kenner behaupten, dass man Amerika nur mit der Bahn richtig kennenlernt. „Conductor" (unten) sorgen für die Sicherheit der 20 Mio. jährlichen Amtrak-Passagiere.

Sobald das Gepäck verladen ist (unten), kann das Abenteuer beginnen. Der Reisende geniesst vom bequemen Sessel atemberaubende Canyons (S. 22, oben) und majestätische Gebirge (S. 22, unten) in den Rocky Mountains.

kets aus. Das Geschäft mit der Eisenbahn floriert wieder, und die Bundesbahn arbeitet zu 79 Prozent kostendekkend.

Obwohl Amtrak jetzt Besitzer der meisten Bahnhöfe und aller Lokomotiven ist, blieben natürlich die Gleise im Eigentum der angestammten Gesellschaften. Für die Benutzung der Strecken zahlt die Bundesbahn stattliche Gebühren an die Privatbahnen. Einzig im Osten der Vereinigten Staaten bekam Amtrak Gelegenheit, von der bankrotten Penn Central Railroad einige hundert Kilometer Schienenwege zu kaufen.

Seit 1971 baute Amtrak mit finanzieller Untersützung der lokalen Behörden über 30 neue Bahnhöfe, 35 wurden von Grund auf renoviert. Die 298 Lokomotiven und 1853 Personenwagen (Stand 1988) sollen bald durch weitere Fahrzeuge ergänzt werden. Vielleicht wird die Eisenbahn im Jahr 2000 sogar wieder zum gewinnbringenden Geschäft.

Auf jeden Fall nimmt Amtrak seine Marketingstrategie ernst. Mittels einer Stu-

die eruierte man das genaue Profil des potentiellen Bahnkunden.

Welche Schichten fahren im Zug, wie alt sind die Reisenden, wieviel verdienen sie, welche Schulbildung haben sie absolviert. Und vor allem: Warum reisen sie mit der Bahn? Solche und ähnliche Fragen halfen, das Angebot zu verbessern.

Ein Ticket bei Amtrak ist keineswegs billig. Die Bundesbahn ist im Vergleich mit den Flugzeug, dem Greyhound-Bus oder dem Privatauto jedoch konkurrenzfähig.

Zwei Drittel aller Fahrkarten werden über die 31'000 autorisierten Reisebüros oder direkt an einem Amtrak-Schalter verkauft. Ein Drittel findet seinen Weg zum Kunden über die Post. Über eine gebührenfreie und zentrale Telefonnummer reservieren Amtrak-Passagiere ihren Platz im Zug.

Eine weitere Tugend der Bundesbahn ist die Höflichkeit. Dem Passagier wird für die Reise gedankt, Stewards sorgen für das Wohl der Fahrgäste, und selbst der „Conductor" (der Chef im Zug) ist stets mit Rat und Tat zur Stelle. Einzig in manchen Speisewagen und an den Snackverkaufsstellen dürfte die Bedienung etwas freundlicher sein. Beschäftigung finden bei Amtrak um die 20'000 Amerikaner in über 300 verschiedenen Berufen.

Mehr als genug Arbeit gibt es auch in den Beech Grove Werken, Amtraks eigene Reperaturwerkstätte. In den Hallen werden nicht nur die Wagen der Bundesbahn ständig modernisiert, für die Southeastern Pennsylvania Transportation Authority sind in den nächsten Jahren 26 Hochgeschwindigkeitswagen zu bauen.

Amtrak gibt sich Mühe, auch in anderen Bereichen zu diversifizieren. So wird das selbstentwickelte Reservations- und Ticketsystem ARROW als Softwa-re-Paket an die Bahngesellschaften von Kanada, Mexiko, Australien und Europa vermarktet.

Amtrak benötigt über 450 weitere Reisewagen. Damit die fehlenden Mittel beschafft werden können, wurde vorgeschlagen, das Rollmaterial über eine Eincent-Steuer auf das Benzin zu finanzieren. Hochgeschwindigkeitszüge wie in Frankreich, der BRD und Japan stehen ebenfalls zur Diskussion. Vor allem die Staaten Florida, Nevada und Texas engagieren sich dafür. Eins steht jetzt schon fest. Amtrak wird nicht von der Bildfläche verschwinden, sondern sich weiter entwickeln.

Der Startschuss für eine völlig neue Eisenbahnepoche wurde in Florida bereits ausgelöst. 1989 unterbreitete ein aus 28 Mitgliedern bestehendes Konsortium der „Florida High Speed Rail Transportation"-Kommission das Projekt für eine 500 km lange Hochgeschwindigkeitsstrecke zwischen den Grossstädten Miami, Orlando und Tampa. 1995 sollen hierauf die ersten Zugkompositionen mit Tempo 240 und mehr verkehren.

Amtrak

Amtrak

Ferrocarriles Nacionales de México (FNM) — von der „Gringo"-Eisenbahn zur Staatsbahn

Seite 23: Die 3000-PS-Lokomotive der mexikanischen Staatsbahn trägt den speziellen blauen Anstrich für die Führung von Reisezügen. Güterzug-Lokomotiven sind in den Farben Zinnober und Schwarz gestrichen, aber sonst völlig baugleich.

Die mexikanische Eisenbahngeschichte beginnt mit dem 22. August 1837. An diesem Tag erteilte Präsident Anastacio Bustamente dem Handelsherrn Francisco de Arrillaga das Privileg für den Betrieb einer Eisenbahnverbindung vom Atlantikhafen Veracruz zur Hauptstadt des Landes. Noch nie hatte eine Eisenbahn einen Höhenunterschied von 2200 Meter bewältigt, noch dazu in den Tropen! Technische und finanzielle Probleme sowie politische Unrast bewirkten eine lange Bauzeit. Die Eröffnung

dieser ersten mexikanischen Fernstrekke fand erst am 1. Januar 1873 statt.
1884 kam die Zentralbahn von Mexico City nach Ciudad Juárez in Betrieb, der durchgehende Eisenbahnverkehr von und nach den USA wurde möglich. Die unter Diktator Porfirio Diaz bis 1910 gebauten Bahnen standen vollständig unter amerikanischer Kontrolle, dies galt nicht nur für das Kapital, sondern auch für das Personal: noch 1909 waren sämtliche Bahnhofvorstände und Fahrdienstleiter „Gastarbeiter" amerikani-

Einfahrt des Nachtschnellzuges „El San Marqueño" in den Bahnhof von México Buenavista (unten). Die erst 1961 vollendete Chihuahua-Pacifico-Linie der FNM führt mit 25 Promille Steigung über die Sierra Tarahumara (Seite 24).

scher Herkunft, von den leitenden Verwaltungsangestellten ganz zu schweigen! Die Bahnen sollten in erster Linie dem reibungslosen US-Gütertransport dienen, im mexikanischen Binnenverkehr wurden nur die lohnendsten Verbindungen gefördert.
Die Nationalisierung des mexikanischen Eisenbahnnetzes erfolgte nach den Revolutionsjahren von 1910. Gewaltige finanzielle Opfer waren zu erbringen, Zehntausende von zuverlässigen Arbeitskräften für jene verantwortungsvollen Posten auszubilden, die bisher von „Gringos" bekleidet worden waren. Schliesslich wurde die Enteignung der „NdeM", der grössten Bahngesellschaft des Landes, durchgesetzt, welche fast die Hälfte des Eisenbahnnetzes betrieb. Die Nationalisierung bildete den Auftakt für eine beispiellose Modernisierungs- und Ausbaukampagne. Es galt, die Sünden der Vergangenheit auszumerzen und die jahrzehntelange Vernachlässigung des Unterhalts wettzumachen.

Ein reichhaltiges Angebot an frisch zubereiteten Speisen sowie Getränken erwartet die Reisenden an vielen Bahnhöfen in Mexiko. Ganze Familienportionen werden durch die Fenster gereicht. Tortilla-Nachschub ist bereits unterwegs.

Der Westen brennt:
Bahnbau, Landraub und Ausrottung der Indianer

Moxtaveto, Häuptling der Cheyenne, liebte den Frieden. Als er von den amerikanischen Truppen aufgefordert wurde, sämtliche Feuerwaffen seines Stammes auszuhändigen, garantierte man ihm als Gegenleistung den Schutz durch die Armee. Als Zeichen dieses Versprechens wehte an der Spitze des Häuptlingszeltes die Nationalflagge der USA.

Oberst Chivington, Methodistenpfarrer und Kommandant des Colorado Miliz-Regimentes, befand sich mit seiner 750 Mann starken Truppe auf dem Rückweg von den Schlachtfeldern des amerikanischen Bürgerkrieges. Ihm und seinen Männern fehlte ein glorreicher Sieg, der bei seinem Einzug in Denver gefeiert werden konnte.

Vom gleichen Offizier, der Häuptling Moxtaveto den Schutz der amerikanischen Armee zugesichert hatte, erhielt Oberst Chivington einen Tip, wie er doch noch Ruhm und Ehre auf dem Schlachtfeld erlangen könnte. Im Morgengrauen des 29. November 1864 überfiel der Methodistenpfarrer mit seiner Truppe das ahnungslose Indianerlager am Sand Creek. Die blutdürstenden Männer des Colorado Miliz-Regimentes massakrierten auf bestialische Art über 300 wehrlose Cheyenne, darunter vor allem Frauen, Kinder und Greise. Bei der anschliessenden Parade in Denver jubelte die Bevölkerung ihren siegreich heimgekehrten Soldaten zu. Die Schlacht gegen Wehrlose wurde in der ganzen Nation als Sieg über die gefährlichen Wilden gefeiert. Moxtaveto gelang die Flucht, die Indianergrenze im Westen brannte in der Folge lichterloh. Gleichzeitig erhoben sich die Stämme der Cheyenne, Sioux und Arapahoe.

Mitten in diese Kriegswirren fiel der Bau der ersten transkontinentalen Eisenbahn. Von Omaha am Missouri drangen die Bautrupps der Union Pacific in die Gebiete der Prärie-Indianer vor. Dr. Thomas C. Durant, Vizepräsident und Geschäftsführer der Union Pacific, war kein Ehrenmann. Der frühere Arzt betrog die eigene Gesellschaft mit seinen dubiosen Geschäften. Vom amerikanischen Staat erhielt die Bahn für jede Meile Schienenweg 16'000 Dollar Subvention. Dr. Durant sorgte dafür, dass die Baukosten sehr hoch ausfielen, und der Gewinn der Union Pacific bescheiden blieb. Von den Unternehmern, denen der Vizepräsident überhöhte Preise gewährte, kassierte er saftige Provisionen, welche sofort auf sein Privatkonto flossen.

Ohne die Brüder Casement, welche Dr. Durant nach dem Ende des amerikanischen Bürgerkrieges engagierte, wäre die Union Pacific wahrscheinlich nicht so weit in den Westen vorgestossen. Der frühere Unionsgeneral Jack Casement übernahm das Oberkommando an der Eisenbahnfront, während der zwielichtige Vizepräsident im Hintergrund auch weiterhin seinen dubiosen Transaktionen nachging. Die Brüder heuerten

Seite 27: Die beiden Indianermädchen besuchen eine Schule am Rand der Barranca del Cobre in Mexiko. Heute führen die Indianer keine Kriegstänze mehr auf (unten). Der grösste Teil ihrer Jagdgebiete wurde fruchtbar gemacht (Seiten 30/31).

für die Arbeit an der Union Pacific über 10'000 ehemalige Soldaten an — stämmige Iren, Skandinavier und Bayern. Wehe dem Indianer, der sich dem fortschreitenden Landraub zur Wehr setzte. Der General stellte sofort eine Strafexpedition zusammen. Aus den Arbeitern wurden in Sekunden Soldaten, die auch Kinder und Frauen nicht verschonten.

Bei den endlosen Debatten um die transkontinentale Eisenbahn hatte die Regierung kaum einen Gedanken an die Indianer verschwendet. General William T. Sherman, Oberbefehlshaber der Truppen im Westen, vertrat die Meinung: „Von den Indianern droht keine Gefahr. Die vielen Arbeiter, die über die ganze Strecke verteilt sind, werden solche Mengen von Whisky mit sich führen, dass sie damit mindestens auf eine Entfernung von 300 Meilen alle Indianer umbringen!" Ein Indianerleben galt nicht viel. An der Spitze der Armee schürten Indianerhasser wie die Generale Custer und Sherman den Krieg. Der deutsche Schriftsteller Balduin Möll-

Amtrak Nr. 5 „California Zephyr" auf seiner mehrtägigen Reise von Chicago nach San Francisco bahnt sich einen Weg durch die winterliche Schlucht — noch vor 200 Jahren galt diese Gegend als „weisser Flecken" auf der Landkarte.

hausen, der als Zeichner oft unter den Soldaten weilte, fällte sein Urteil so: „Wenn das Militär, das jetzt zum Schutze der Weissen unter die Indianer gesendet wird, dazu bestimmt wäre, die Rechte der Indianer gegen die Weissen zu wahren und als Polizei gegen die räuberischen Spekulanten aufzutreten, dann würde das tief verwurzelte Misstrauen allmählich schwinden." Und die von der Bundesregierung bestellte Untersuchungskommission schrieb dazu: „Das Komitee ist der Meinung, dass die indianischen Aufstände in den meisten Fällen auf Angriffshandlungen gesetzloser weisser Leute zurückzuführen sind, die man überall an der Grenzlinie zwischen der Wildnis und dem zivilisierten Leben findet."

Geschlossene Verträge wurden von den Weissen laufend gebrochen und die Indianer dabei um ihr Land betrogen. Auch die Union Pacific brach 1867 ihre Verträge mit den sogenannten Wilden. Dr. Durant war nicht gewillt, die Indianer als mündige Vertragspartner zu akzeptieren und auf seine persönlichen Vorteile zu verzichten. Die Landrechte, welche die Bahngesellschaft und die Regierung den freien Präriebewohnern zugesichert hatten, besassen nur noch den Wert eines Fetzen Papiers. Als die Indianer sich erhoben, erwirkte das Geschrei der Zeitungen, dass die Armee beschloss, verschiedene Strafexpeditionen gegen die Cheyenne und Arapahoe durchzuführen. Der Vizepräsident der Union Pacific setzte zudem durch, dass das Kriegsdepartement auch einige Regimenter zu beiden Seiten der Bahnlinie aufstellte und den Landraub im Auftrag der US-Regierung schützte.

Dr. Durant hatte allen Grund zum Feiern. Die Strecke der Union Pacific wuchs jeden Tag um vier Meilen, gleichzeitig rollten auch die Dollars auf sein Privatkonto. Als er 1866 mit einem von George Pullman konstruierten Salonzug allerlei Prominenz zu einer Besichtigungsfahrt einlud, bot er als Attraktion auch eine Büffeljagd an. Der Zug fuhr mitten in die Herde hinein, ein beispielloses Abschlachten der Bisons begann. Die Jäger sassen in den geschützten Wagen und feuerten aus dem Fenster. Als kein Tier mehr lebte, liessen Dr. Durant und sein Gefolge die Kadaver liegen und dampften mit ihrem Salonzug weiter. Für das Fleisch und die Felle hatten die versnobten Jäger keine Verwendung. General Sherman gab seiner Freude mit den Worten Ausdruck: „Jeder tote Büffel bedeutet ein verhungerter Indianer!" Nur der Philanthrop Möllhausen gab zu bedenken: „Es wird ein Vernichtungskrieg nicht nur gegen die Bisons, sondern auch gegen die Indianer geführt. Man verweigert ihnen die unentbehrlichsten Rechte, und wenn sie bis an das Äusserte gedrängt worden sind und ihr Haupt erheben, schlägt man es ihnen ab."

Drei Jahre nach Fertigstellung der ersten transkontinentalen Eisenbahn be-

Die schneereichen Winter in den Rocky Mountains schafften früher den Bahngesellschaften etliche Probleme. Vor Lawinen und Schneeverwehungen schützte sich die Central Pacific mit Verbauungen.

schloss die US-Regierung die Ausrottung der Bisons mit dem Ziel, die letzten freien Indianervölker auszuhungern. In nur acht Jahren wurden mehrere Millionen Tiere abgeschlachtet. Auch die Union Pacific beteiligte sich an der Aktion. Sinnlose Jagdfahrten trugen wesentlich dazu bei, dass der gesamte Bestand in nur acht Jahren auf wenige tausend Tiere dezimiert wurde. Das Morden glich jeweils einem Volksfest; Männer, Frauen und Kinder jagten aus den geschützten Wagen ihre tödlichen Kugeln in eine vorbeiziehende Herde. Solche Fahrten füllten die Kassen der Union Pacific, und auch das Privatkonto des aaligen Dr. Durant wuchs weiterhin. Chief Seattle, Häuptling der Duwamish, sprach

in seiner berühmten Rede auch von den Bisons: „Ich habe Tausende verottende Büffel gesehen, vom weissen Mann zurückgelassen — erschossen aus einem vorüberfahrenden Zug. Ich bin ein Wilder und kann nicht verstehen, wie das qualmende Eisenpferd wichtiger sein soll als der Büffel, den wir nur töten, um am Leben zu bleiben. Was ist der Mensch ohne Tiere? Wären alle Tiere fort, so stürbe der Mensch an grosser Einsamkeit des Geistes. Was immer den Tieren geschieht — geschieht bald auch den Menschen. Lehrt Eure Kinder, was wir unsere Kinder lehren: die Erde ist unsere Mutter. Was die Erde befällt, befällt auch die Söhne der Erde. Denn das wissen wir, die Erde gehört nicht den Menschen, der Mensch gehört zur Erde!"

Unglaubliche Ausdauer und Zähigkeit, aber auch Scheu und Genügsamkeit sind die herausragenden Merkmale des heute rund 60'000 Mitglieder zählenden Volkes der Tarahumaras. Weit verstreut über 50'000 Quadratkilometer leben diese Ureinwohner in Nordmexiko (Reise 11). Die jungen Männer veranstalten jeweils im Anschluss an das Erntedankfest (Die Tarahumaras essen kein Fleisch) einen wahnwitzigen Langstreckenlauf zur Wintersiedlung in den wärmeren Talgründen der Barrancas. Barfuss legen sie innert 72 Stunden bis zu 200 km zurück, indem sie während des Laufens einen kleinen Ball aus Weichholz vor sich hertreiben.

Der einzige elektrifizierte US-Fernreisezug zwischen New York und Washington — 200 km/h schnell!

Seit dem Zusammenbruch der Eastern Airlines benutzen Geschäftsleute zwischen New York und Washington vermehrt ein in den USA längst vergessenes Transportmittel — nämlich die Bahn. Auch die Flugangst nach zahlreichen Crashs überalterter Maschinen auf dem nordamerikanischen Kontinent brachte der amerikanischen Bundesbahn Amtrak unerwarteten Umsatz. Die Nachfrage nach den schnellen Metroliner-Verbindungen auf dem „Korridor" veranlasste die Amtrak, zehn zusätzliche Zugspaare zwischen New York und Washington einzusetzen. Inzwischen ist das Angebot so attraktiv wie in Europa. Jede Stunde verlässt ein Zug die beiden Städte, mit über 200 km/h rasen die schnellen Metroliner durch die Industriestädte des Ostens und erreichen ihr Ziel in weniger als 3 Stunden. Das Flugzeug ist kaum schneller, allein schon die Fahrt zu einem Airport der beiden Metropolen dauert eine volle Stunde.

Entwickelt wurde die Idee des Metroliners von der Pennsylvania Railroad, die nach ihrer Fusion mit der New York Central den Betrieb auf der Strecke aufnahm. Dies geschah am 16. Januar 1969; investiert wurden für Verbesserungen an den Gleisen und für die Beschaffung von 6 Personenwagen gerade 57 Millionen US-Dollar. Mit diesen eher bescheidenen Mitteln gelang es der neuformierten und bereits sehr angeschlagenen Penn Central Railroad, den amerikanischen Hochgeschwindigkeitsbetrieb noch kurz vor dem Untergang der grossen Eisenbahnepoche einzuläuten. Der erste Zug erreichte Washington nach genau 2 Stunden und 59 Minuten, gefahren wurde mit 120 mph (193 km/h). Der Erfolg war trotz der Bahnkrise gross, sodass sich die Penn Central kurzfristig entschloss, noch weitere Zugspaare auf dem „Northeast Corridor" einzusetzen. Die aussergewöhnlichen Geschwindigkeiten mussten jedoch bald reduziert werden, da der Zustand der Schienen sehr zu wünschen übrig liess. Damit verlängerte sich die Fahrzeit wieder, und viele Geschäftsreisende blieben aus. Nach dem Konkurs der Penn Central von 1970 übernahm Amtrak den Metroliner und begann das Angebot mit Hilfe der „Federal Railroad Administration" (FRA) zu verbessern. Zwischen 1976 und 1985 verlegte Amtrak auf der 358 km langen Strecke neue Gleise, die Bahnhöfe wurden umgebaut und 150 neue Amfleet II-Wagen aus rostfreiem Stahl bestellt. Diese lieferte die Fahrzeugfabrik Budd Company für 115 Millionen US-Dollar in den frühen achtziger Jahren.

Zum Angebot des Metroliners gehört nicht nur Schnelligkeit (seit 1985 gilt Tempo 203); sondern auch Komfort. Es wird eine Club- und Customklasse propagiert.

Das Erstklassangebot geniesst der Fahrgast in den Clubwagen. Getränke und Mahlzeiten werden dort am Platz serviert, luxuriöse Sitze gewährleisten opti-

Mit über 200 km/h gelangt heute der Geschäftsreisende mit der Bahn von New York nach Washington. Auf dem „Northeast Corridor" konkurrenzieren die schnellen Metroliner von Amtrak alle Fluglinien.

Amtrak
Amtrak
906
906

Wenn im Winter die Jets mit vereisten Tragflächen stundenlang „festsitzen", erreicht man mit dem Metroliner sicher und pünktlich in nur 157 Minuten von New York aus Washington. Gefahren wird im Stundentakt.

malen Komfort während der Reise. Die Fahreigenschaften sind beachtlich. Selbst bei 203 km/h bleiben die Gläser in den Wagen der zweiten Amfleet-Generation auf dem Tisch. Das Design der Fahrzeuge erinnert äusserlich an den Rumpf eines Flugzeuges. Für viel Kraft sorgen bei Amtrak 47 elektrische Lokomotiven von General Motors. Die 7000 PS starken Maschinen vom Typ AEM7 werden auf dem einzigen elektrifizierten Fernreisenetz der USA eingesetzt.

Die wichtigsten Strecken östlich von Harrisburg elektrifizierte die Pennsylvania Railroad übrigens bereits in den dreissiger Jahren. Nach dem grossen Bankrott gingen die Anlagen auf dem „Northeast Corridor" in den Besitz von Amtrak über, die somit auch Eigentümerin von einigen Kilometern Schienenwegen wurde.

Nordamerikanische Bahnhofsimpressionen: Von der heruntergekommenen Provinzstation bis zum stattlichen Monumentalbahnhof

Kaum zu glauben: In Nordamerika, wo bekanntlich wenig Wert auf gepflegte Bausubstanz gelegt wird, findet man einige der interessantesten Bahnhofsgebäude der Welt.

Die Palette reicht vom gepflegten Provinzbahnhöfchen im spanischen Missionsstil bis zum modernen Zweckbau mit Flughafenatmosphäre. Wer mit dem Zug durch Nordamerika reist erkennt, dass die meisten Bauten zu einer Zeit entstanden sind, als die Nation sich noch mit der Bahn verbunden fühlte.

Aber auch die neuen Bundesbahnen geben sich Mühe. Amtrak lässt in ihre Bahnhofsneubauten jeweils mehr einfliessen als lediglich die Idee eines kostensparenden Zweckbaus. Die gleiche Gesellschaft renovierte mit viel Liebe zum Detail die achtzigjährige „Union Station“ von Washington. Dabei wurden nur edle Materialien verwendet, sodass der Bahnhof heute zu den schönsten der Welt gezählt werden darf. Gleiches Lob verdient die VIA-Rail, die sich mit der Renovation des „Gare du Palais“ von Québec ein 28 Millionen Dollar teures Eisenbahndenkmal schuf.

Viele Bahnhofsgebäude enttäuschen aber auch, vor allem in der Provinz und im Norden Mexikos entdeckt der Reisende manch eine Station, welche nicht zum Verlassen des Zuges einlädt. Eines haben alle grossen Bahnhöfe in Nordamerika gemeinsam — nämlich den schlangestehenden Passagier. Vor jeder Zugabfahrt warten mehrere hundert

Reisende in geordneter Kolonne auf das „Boarding“-Zeichen. Zu den praktischen Errungeschaften der Neuen Welt gehört, dass ein Zug aus Sicherheitsgründen erst wenige Minuten vor der Abfahrt bestiegen werden darf. Vorher wird in der Bahnhofshalle gewartet. Und selbst wenn mit ein oder zwei Stunden Verspätung abgefahren wird, empört sich niemand darüber, dass er nicht in den bereitstehenden Zug einsteigen darf.

Der renovierte Bahnhof von Aguascalientes (Seite 39) begrüsst die Passagiere beim Frühstückshalt. Die mondäne Bahnhofhalle von Washington (unten) steht im krassen Gegensatz zu der Güterwagenbehausung einiger Indianer in Mexiko.

Information ist bares Geld: Kernige Tips für unbeschwertes Reisen in Nordamerika

Der Leser erfährt im ersten Teil dieses Buches viel Wissenswertes über die drei grossen nordamerikanischen Bundesbahnen VIA-Rail, Amtrak und FNM. Fünf attraktive Reiserouten quer durch den nordamerikanischen Kontinent nehmen im zweiten Teil des Werkes den Eisenbahnfreund mit auf die Reise — als stiller Betrachter vom gemütlichen Lesesessel aus oder als Abenteurer, den schon bald das Fernweh packt.

Zum Aufbau der Reisekapitel

Alle Reiseziele der Buchreihe „Eisenbahnen der Welt“ sind numeriert. Der erste Streckenvorschlang erhielt im Band „Südeuropa“ die Nummer 1. Die fortlaufende Numerierung wird auch im Band „Nordamerika“ fortgesetzt (Reisen 7—11). Fotos, Texte und Karten dokumentieren die vorgeschlagenen Eisenbahnstrecken, eine Info-Box liefert praktische Anregungen zum eigenen Erleben.

Planung der Reise

Der nächste Bahnschalter weiss mit Gewissheit nichts über die Eisenbahnen in Nordamerika. Schon besser beraten wird man bei den Reisebüros oder den Agenturen der Bahngesellschaften. Wer bereits in den USA weilt, ruft Amtrak über die nationale Telefonnummer 1-800-872-7245, für die VIA-Rail gelten in Kanada je nach Standort verschiedene Nummern.
Recht abenteuerlich gestaltet sich eine Fahrt mit der Eisenbahn durch Mexiko. Reservationen werden nur an Ort und Stelle entgegengenommen. Dabei kann es vorkommen, dass man mehrere Tage auf einen Platz warten muss. Die im Service-Teil aufgeführten Abfahrtszeiten können nicht nur in Mexiko, sondern vor allem auch in Kanada jederzeit ändern. Ein mexikanisches Kursbuch ist weder in Europa noch in den Vereinigten Staaten erhältlich. Zuverlässige Informationen sind einzig dem „Thomas Cook Overseas Timetable“ zu entnehmen. Fahrpläne der Amtrak und VIA-Rail sind über die jeweiligen Agenturen oder Reisebüros anzufordern.
Zu einer seriösen Reiseplanung gehört auch die Frage nach den Zahlungsmitteln. In den USA und Kanada empfiehlt sich die Mitnahme einer Kreditkarte. Banken lösen Traveller Schecks nur gegen hohe Kommissionen ein, gebührenfrei können diese jedoch in Hotels, Restaurants und bei den Bahngesellschaften als Zahlungsmittel verwendet werden. Die Mexikaner akzeptieren fast ausschliesslich nur Bargeld. Vor der Abreise sollte man sich auch über die geltenden Impf- und Visabestimmungen erkundigen.

Die beste Reisezeit

In den Vereinigten Staaten und Kanada

eignen sich alle Jahreszeiten zu einer Reise mit der Bahn. Im Hochland von Mexiko kann im Winter grosse Kälte herrschen. Die Heizungen arbeiten in den Eisenbahnwagen nicht immer zuverlässig. Zwischen November und Februar fühlt man sich hingegen im tropischen Klima von Südmexiko am wohlsten.

Das ideale Reisegepäck

Seit einigen Jahren sind im Fachhandel Reisetaschen erhältlich, die sich mit wenigen Handgriffen in einen Rucksack verwandeln lassen. In Mexiko trägt man besser eine Tasche, da Rucksacktouristen als „Gringo-Hippies" verpönt werden.

An- und Abreise

Am günstigsten fliegt der Amerika-Tourist mit dem PEX-Tarif über den Atlantik, die Flüge können allerdings nur gegen eine hohe Gebühr umgebucht werden. Alle inneramerikanischen Ziele sind an das internationale oder nationale Flugnetz angeschlossen.

Auf dem Bahnhof

In den grossen Bahnhöfen der Neuen Welt kann aus Sicherheitsgründen erst kurz vor der Abfahrt in den bereitstehenden Zug eingestiegen werden. Die Passagiere warten in der Abfertigungshalle bis die Zugnummer aufgerufen wird. Da in allen Wagen nur der Platzanspruch, nicht aber ein bestimmter Sitzplatz reserviert werden kann, sind die begehrten Plätze in der Warteschlange natürlich ganz vorne.

Im Zug

Die oft mehrtägige Fahrt über grosse Distanzen verlangt von den Passagieren ganz andere Reisegewohnheiten als in Europa. Man kommt ins Gespräch, schliesst Bekanntschaften und trinkt immer wieder Kaffee. Auch Kinder finden zu den Hauptreisezeiten sehr rasch Freunde, denn viele Familien gönnen sich eine beschauliche Reise mit der Bahn.

Fotografieren

Auf den meisten Bahnhöfen ist es sehr schwierig zu fotografieren, da der Reisende erst wenige Minuten vor der Abfahrt Zutritt zu den Bahnsteigen erhält. Da sich keine Fenster in den Wagen öffnen lassen, sind auch Bilder während der Fahrt nicht ganz einfach. Das Reflektieren kann nur eliminiert werden, wenn das Objektiv direkt an das Fensterglas gehalten wird. In den meisten Wagen lässt sich jedoch die obere Hälfte der Tür öffnen. Das Hantieren an diesem „Fenster" ist in den USA streng verboten, toleriert wird es hingegen in Mexiko und Kanada.

Reise **7**

Mit dem „Adirondack" von der Weltstadt New York durchs alte Amerika nach Montréal

Ankunft des Nachtzuges „Lake Shore Limited" (links) mit seinen typischen Pullmanwagen im Bahnhof von Rhinecliff, der an die Kolonialzeit erinnert (unten). Oben: Der seit 1974 geführte 5-gliedrige Turboliner am Lake Champlain.

Von New York aus führt die Strecke des „Adirondack" entlang dem Hudson-River. Auf seinem Weg gelangt er nahe an die Adirondack-Mountains. Die kanadische Grenze erreicht der Zug nach einer Fahrt am Ufer des Lake Champlain.

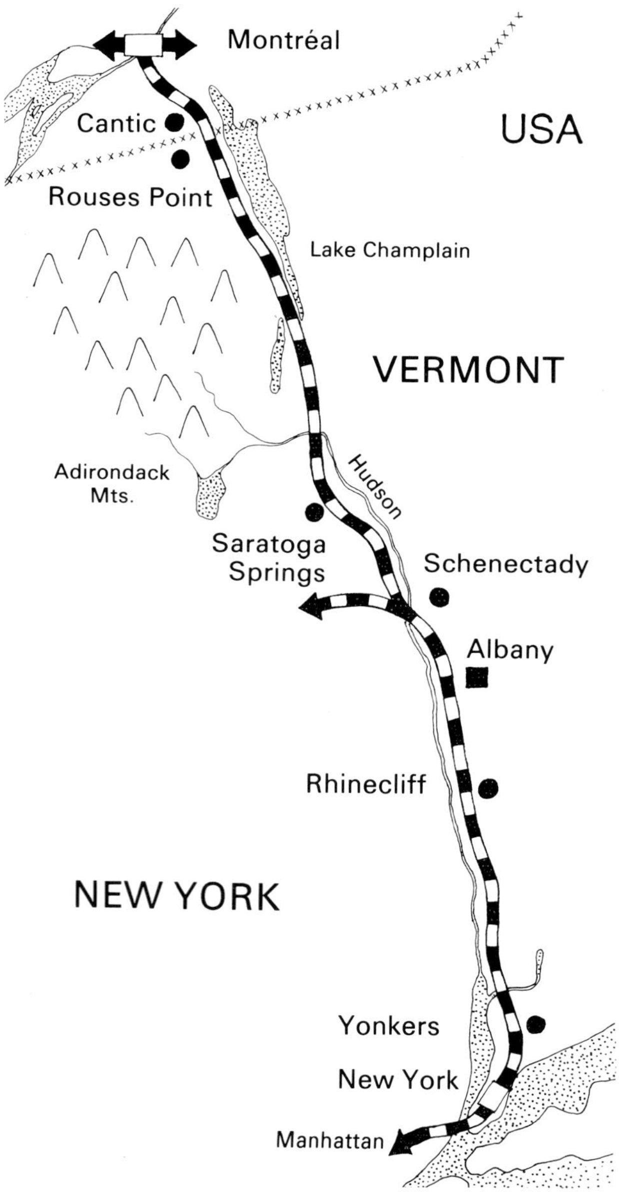

New York nimmt in den „Top Ten" der schmutzigsten amerikanischen Städte ohne Zweifel den ersten Platz ein. Die Strassen in der Millionenmetropole sind kaputt, die Autos verbeult und die Kriminalitätsrate so hoch wie in keiner anderen US-Stadt.

Nach einer Nacht in New York begibt sich der Eisenbahnfreund auf die Suche nach dem Bahnhof. Deren zwei sind in New York vorhanden: die Pennsylvania Station für alle Verbindungen zwischen Washington und Boston sowie der ehrwürdige Grand Central Terminal für einige Züge nach Chicago und in den Norden.

Wie eine Insel inmitten von nüchternen Wolkenkratzern strahlt der Grand Central soviel Würde aus wie kaum ein anderer Bahnhof der USA. Doch es ist still geworden um den unumstrittenen Star von damals. Wer das Getümmel der Menschenmenge aus alten Spielfilmen kennt, wird beim Betreten des für New Yorker Verhältnisse recht sauberen Bahnhofs an das längst verblasste Eisenbahnzeitalter Nordamerikas erinnert. Die grosse Bahnhofshalle wirkt ausserhalb der Stosszeiten verlassen, die meisten Schalter wurden für immer geschlossen und verklebt, Bettler liegen am Boden und warten auf Almosen der wenigen Reisenden.

Der Amtrak-Zug Nr. 69 „Adirondack" verdankt seinen Namen dem grössten Gebirge im rund 18 Millionen Einwohner zählenden Staat New York. Wenn der

Andrang nicht so gross ist, setzt Amtrak auf der 619 km langen Strecke bis Montréal einen ihrer 13 „Turboliners“ ein. Das Erscheinungsbild dieser 1974 bei Rohr-Industries für je 33 Millionen Dollar gebauten Triebzüge überrascht, haben doch die aerodynamischen Formen wenig mit dem gemeinsam, was man sich normalerweise unter den amerikanischen Eisenbahnen vorstellt.

Der „Adirondack“ verlässt den Grand Central unterirdisch. Nach einer gut fünfzehnminütigen Tunnelfahrt taucht der Zug auf, fährt an den Siedlungen des Vorortes Yonkers vorbei und folgt alsdann dem Lauf des Hudson-Rivers. Der rund 520 km lange Fluss entspringt in den Adirondack-Mountains auf 1300 m ü. M. Sein Oberlauf ist durch den Champlain-Kanal mit dem St. Lorenz-Strom verbunden, in den Erie-See im Westen führt ebenfalls ein Kanal.

Kurz nach dem Vorort Yonkers sticht die 1955 erbaute Autobahnbrücke „The Tappan Zee“ ins Auge, die den an dieser Stelle 4150 Meter breiten Hudson River überspannt. Im alten holländischen Städtchen Croton-on-Hudson wurden noch vor einigen Jahren die Elektroloks gegen Diesellocks ausgewechselt. Eine Bestimmung untersagte das Befahren der Tunnelröhren von New York City mit Dieselmotoren. In Croton befinden sich aber auch die Trinkwasserreservoirs von New York City.

Die Fahrt entlang des Ostufers des Hudson River darf sicher zu den grossartig-

Reiseinformationen „Adirondack“

Ausgangspunkt
New York, Grand Central Terminal

Endpunkt
Montréal, Bahnhof Central Station

Route
New York—Hudson River—Rhinecliff—Albany—Saratoga Springs—Port Henry—Lake Champlain—Plattsburgh—Cantic (Grenze)—Montréal

Abfahrtszeiten
New York ca. 10.45

Umsteigen
ohne Umsteigen bis Montréal

Reservationen und Zuschläge
keine im „Adirondack“

Die besten Plätze
New York—Albany: links
Albany—Montréal: rechts

Amtrak
504

Eine Amtrak-Lokomotive wird aufgetankt. Die „National Railroad Passenger Corporation" (kurz Amtrak) besitzt nur gerade 298 Lokomotiven auf ihren 40'000 Streckenkilometern. 20'000 Angestellte finden in über 300 verschiedenen Berufen Arbeit.

New York
Das **Park Lane Hotel** liegt gleich am Fusse des Central Parks. Von den luxuriösen Zimmern geniesst man einen herrlichen Blick ins Grüne. Adresse: 36 Central Park South, New York, N. Y. 10019

Montréal
Vom Bahnhof aus ist das **Hotel Holiday Inn Richelieu** mit der U-Bahn in wenigen Minuten zu erreichen. Sehr schöne Zimmer mit Blick über die Stadt. Adresse: 505, rue Sherbrook Est, Montréal, Québec H2L 1 K2

sten Bahnreisen von ganz Amerika gezählt werden. Bei West Point, einer strategisch wichtigen Stelle am Hudson River, gründete George Washington die erste U.S. Militärakademie. Nicht New York City, sondern Albany heisst die Hauptstaat im Staate New York, die nach drei Stunden im „Adirondack" erreicht wird. Der Zug hält nur zwanzig Minuten und setzt seine Fahrt auf der Westseite des Flusses durch ein Stück historisches Amerika fort. Das Gebiet um die Adirondack-Mountains war noch vor wenigen Jahrhunderten Schauplatz blutiger Schlachten zwischen Indianern, Franzosen, Briten und den amerikanischen Unabhängigkeitstruppen.

Den etwa 110 km langen Lake Champlain erreicht der Zug bei Port Henry. Auf gut 85 km folgt die Trasse dem Seeufer, die begehrtesten Plätze mit Blick auf die Fichten- und Birkenwälder des Staates Vermont (gegenüberliegendes Seeufer) sind jetzt rechts.

Für massive Verspätungen kann die Zoll- und Passkontrolle an der kanadischen Grenze sorgen. Die Beamten der französischsprachigen Provinz Québec nehmen es sehr genau und können während Stunden den ganzen Zug durchsuchen. Bis Montréal sind es vom Grenzbahnhof Cantic noch 71 km, die der Turboliner in gut einer Stunde zurücklegt.

Wäre es noch Tag, könnte der Reisende die spektakuläre Ankuft in Montréal geniessen. Der Zug überquert auf der doppelspurigen Victoria Bridge den schiffbaren St. Lorenz-Strom. Beinahe als achtes Weltwunder galt der erste, im Jahr 1859 erbaute Viadukt mit einer Länge von 2,7 km. Die Züge rollten damals duch eine geschlossene Röhren-Konstruktion, welche seinesgleichen vergeblich suchte. Die heutige, 1898 eröffnete Brücke unterscheidet sich kaum von anderen Eisenbahnbauwerken.

Elegant schlängelt sich ein Turboliner auf der zweispurig ausgebauten Strecke dem Hudson entlang. Die Turboliner wurden 1974 von ANF-Frangeco und Rohr Industries gebaut und kosteten 51 Millionen US-Dollar.

Reise **8**

Die LRC-Zauberformel — im modernsten Zug Amerikas von Québec nach Toronto

Light, Rapid and Comfortable (LRC) heisst das neue Konzept der kanadischen Eisenbahn. In der Tat steckt mehr dahinter als nur die neuen Farben grau, gelb und blau.
Die kanadische Geographie will es so, dass sich praktisch alle Industriezentren auf einer Linie zwischen Québec und Windsor befinden. Die VIA-Rail schuf daraus den „Korridor".
Fahren auf langen Strecken fast ausnahmslos Touristen mit der Bahn, so sind es vorwiegend Geschäftsleute, die auf dem „Korridor" dem VIA-Service 1 den Vorzug geben. In nur zwei Stunden von Montréal nach Ottawa oder in drei Stunden von Montréal nach Québec heisst die Devise. Kalkuliert man die Anfahrtswege zu den Flughäfen, die Warte- und reine Flugzeit, so sind die Jets kaum schneller.
Vom französischen TGV inspiriert, lancierte die VIA-Rail anfangs der achtziger Jahre das neue Konzept und gab damit dem noch immer stagnierenden kanadischen Personenzugverkeher neue Impulse. Aber nicht nur der TGV oder die schnellen Metroliner zwischen Washington und New York standen Pate für eine völlig neue Fahrzeuggeneration. Aus Spanien wurde auch gleich die Idee des Talgo Pendulars importiert. Dank der passiven Neigevorrichtung gleicht der LRC-Zug die am Ende einer Kurve auftretenden Fliehkräfte aus. In der Praxis sind durch dieses System schnellere Kurvenfahrten möglich. Um einen Trieb-

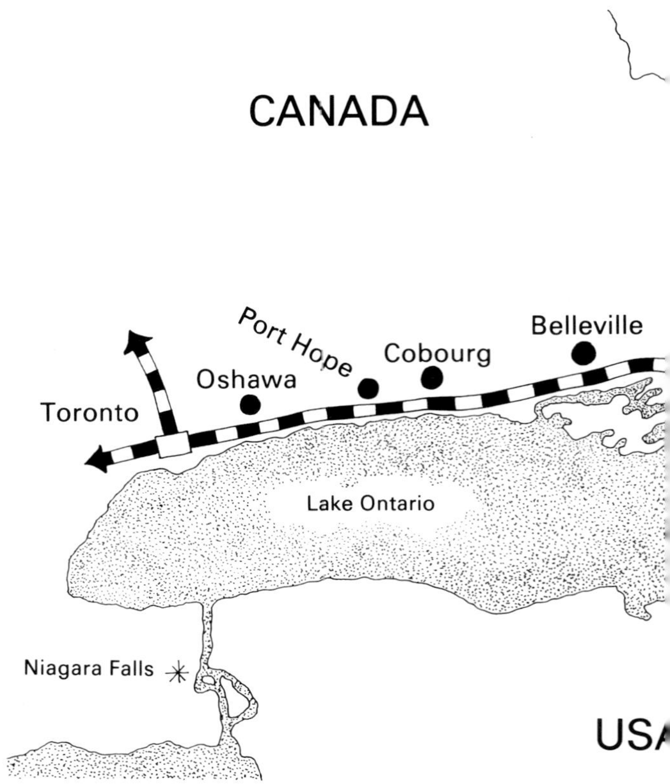

zug mit bis zu sechs Zwischenwagen zusammenzustellen, orderte VIA-Rail beim kanadischen Hersteller Bombardier 31 aerodynamische Dieseltriebköpfe mit den Nummern 6900—6930. Steigen wir doch in Québec ein.
Mit seinen Stadtmauern und Kopfsteinpflaster-Strassen gleicht Québec-City einem guten alten Stück Europa und wird daher oft als attraktivste amerikanische Stadt bezeichnet. Die Metropole mit ihren rund 500'000 französisch spre-

Auf dem Korridor zwischen Québec und Toronto hält der LRC (Light-Rapid-Comfortable) der VIA-Rail nur selten an einem Provinzbahnhof (S. 51). Die wunderschöne Strecke führt entlang des 18'760 km² grossen Lake Ontario (unten).

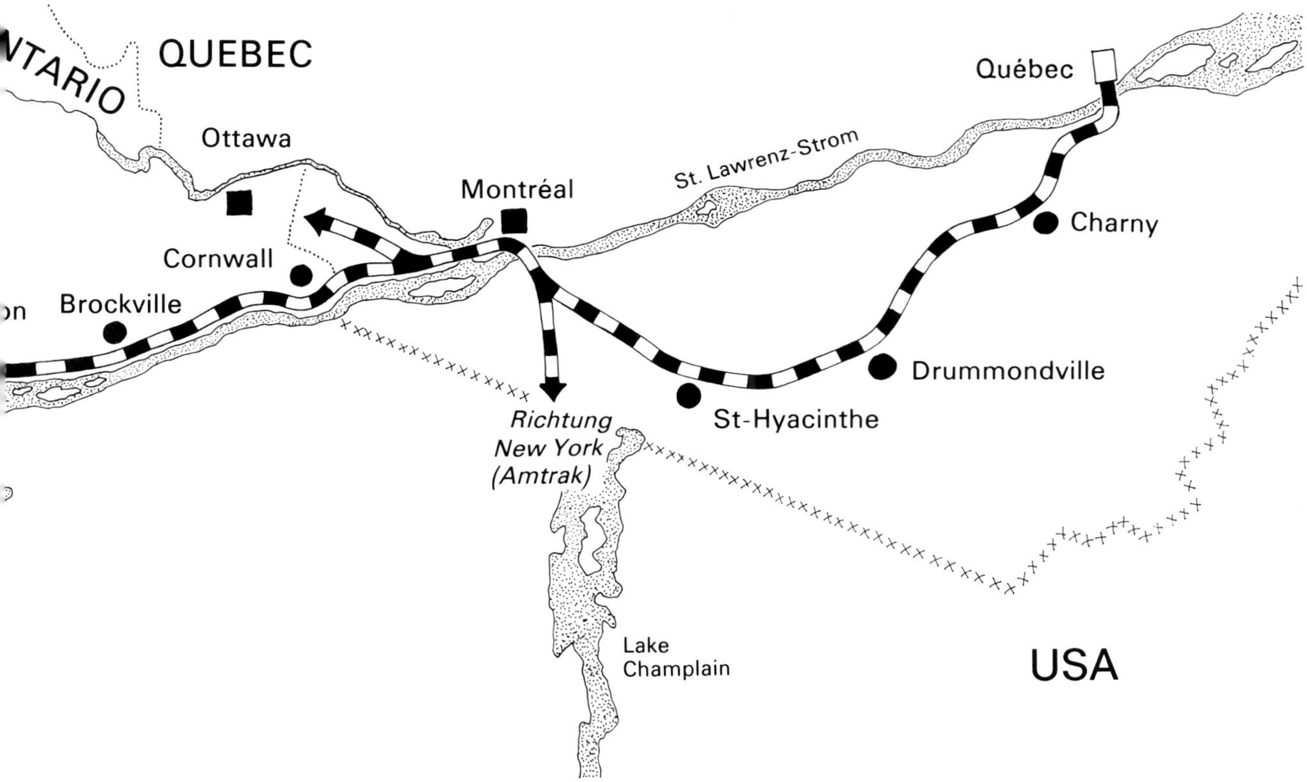

chenden Einwohnern kann via Montréal von den meisten europäischen Grossstädten aus angeflogen werden. Im Gegensatz zu den üblichen amerikanischen Stadtbildern sind die Strassen von Québec nicht im Schachbrettmuster angeordnet. Hoch über den engen Strassen und Gassen thront das Château Frontenac mit seinen Türmen. Der Bahnhof befindet sich an der Rue Saint-Paul 450; das repräsentative Gebäude erbaute die Canadian Pacific Railway 1919. Für über 28 Millionen Dollar wurde der Bahnhof vor einigen Jahren geschmackvoll renoviert und darf heute sicher zu den schönsten der Welt gezählt werden. Der auf einem der drei Bahnsteige bereitstehende LRC „Champlain" glänzt durch seine für amerikanische Verhältnisse eher unübliche Ausstattung (grosse Panoramafenster, tadellos verarbeitete Polster, Verschalungen wie im Flugzeug). Im Erstklass-Wagen sorgen zwei Stewards für das Wohl der

6926

Bei 152 km/h geniessen die Fahrgäste die vorüberziehenden Nadelholzwälder und Landwirtschaftsgebiete (S. 54). Im Gegensatz zu den grossen Bahnhöfen ist das Warten auf dem Bahnsteig einer Provinzstation erlaubt (unten).

Passagiere und verteilen gleich nach der Abfahrt Orangensaft und Zeitungen. Es folgt ein ausgiebiges Frühstück (Früchtecocktail, Joghurt, Omletten, Steak, Schokolade, Brötchen und Kaffee). Wer neben dem Speisen und Lesen noch Zeit findet aus dem Fenster zu schauen, entdeckt einsame Birkenwälder wie aus dem kanadischen Bilderbuch. Obwohl der LRC „Champlain“ nur mit 95 Meilen (ca. 152 km/h) dahingleitet, sind die 272 km bis Montréal im Nu zurückgelegt. Wenig Zeit für die 2,7 Millionen Einwohner zählende Stadt bleibt im Bahnof Grand Central an der Place Bonaverture. Man darf hier aber auch die Reise unterbrechen. . . Nach Paris ist Montréal die grösste Stadt der Welt mit

Québec
Über den engen Strassen und Gassen Québecs thront das weltbekannte **Luxushotel Le Château Frontenac**, das unbedingt einen Besuch wert ist. Adresse: 1 rue des Carriers, G1R 4P5 Québec-Ville

Reiseinformationen „LRC"

Ausgangspunkt
Québec, Gare du Palais

Endpunkt
Toronto, Union Station

Route
Québec—Drummondville—Montréal—Dorval—**Brockville**—Kingston—Lake Ontario—Cobourg—Toronto

Abfahrtszeiten
Québec ca. 6.45 (LRC „Champlain")
Montréal ca. 10.30 (LRC „La Salle")

Umsteigen
In Montréal, Bahnhof Central Station

Reservationen und Zuschläge
Alle LRC-Züge sind reservationspflichtig.
Gegen einen Zuschlag ist das Reisen in den First Class-Wagen mit entsprechendem Service möglich.

Die besten Plätze
links

französischsprachiger Bevölkerung.
Nach 35 Minuten Aufenthalt wird die Reise nach Toronto im LRC 63 „La Salle" fortgesetzt. Wer etwas länger bleiben will, nimmt zwei Stunden später den LRC 65 „Meridian" oder eine andere der 10 „First Class"-Verbindungen.
Die Fahrt führt nicht über die kanadische Hauptstadt Ottawa. Bis auf wenige Kilometer lässt die Trasse die Regierungsstadt links liegen, wenn sie dem St. Lawrenz-Strom folgt. Die Verbindung zu Ottawa wird von Montréal aus täglich mit drei LRC-Zugspaaren sichergestellt.
Kurz vor dem Lake Ontario wird ein schmackhaftes Mittagessen mit einer Flasche Wein serviert. Der Gastronomie wird im „First Class"-Zug grosse Bedeutung zugemessen — entsprechend verpönt sind Cheeseburger und Hotdog. Erwähnt werden muss, dass sämtliche Getränke und Mahlzeiten im Fahrpreis inbegriffen sind.

Toronto
Ein neuer Wolkenkratzer, das **Chestnut Park Hotel** mit 522 Gästezimmern macht dem Holiday Inn, gleich gegenüber, seit einigen Jahren Konkurrenz. Die Adresse: 108 Chestnut Street, Toronto, Ontario M5G 1R3

VIA

Auf langen Fahrten schätzt der Reisende besonders die grossen Panoramafenster (S. 58, oben). Immer wieder führt die doppelspurig ausgebaute Strecke (unten) vorbei an typischen Farmhäusern, wie zum Beispiel in der Provinz Québec.

Märchenschloss oder Bahnhof?
Der „Gare du Palais" von Québec wurde 1919 von der CP-Rail (Canadian Pacific Railway) gebaut und erst kürzlich für über 28 Millionen kanadische Dollar stilvoll renoviert.

Von der Strecke aus ist der 85 km breite und 225 m tiefe Grenzsee zwischen Kanada und den USA zu sehen. Kaum zu glauben: der 18'760 km² grosse Lake Ontario friert im Winter oft völlig zu. Der LRC rollt unterdessen durch hügeliges Grasland und kanadische Kleinstädte wie Belleville, Trenton und Cobourg. Die Umgebung zeigt sich zusehens amerikanischer, liegt doch die Sprachgrenze bereits weit zurück. Toronto selbst ist eine wenig attraktive Millionenstadt. Ihr Name erinnert an das indianische Wort „Treffpunkt". In der Tat weisen von der in Seenähe sich befinden Union Station zahlreiche Schienenstränge in alle Himmelsrichtungen. Interessant sind die doppelstöckigen grünen „GO-Trains", die den Pendlern einen attraktiven Vorortsverkehr anbieten können.

Reise 9

Auf der „Canadian"-Route von Toronto nach Vancouver — eine der spektakulärsten Bahnreisen

Alfred Hitchcock mochte Eisenbahnen. Den längsten Kuss in der Geschichte des Films drehte der begnadete Filmregisseur in einem amerikanischen Chromstahlwagen. Im engen Schlafabteil küssten sich Cary Grant und Eva-Marie Saint nach der Abfahrt von Chicago während mehrerer Filmminuten.

Romantischen Paaren wird noch heute die gleiche Kulisse in den Chromstahlwagen des transkontinentalen Zuges „Canadian" geboten. Die 1953 von der „Canadian Pacific" bestellten 173 Luxuswagen für die Linie Nr. 1 Montréal-Vancouver stellten die Fahrzeugwerke der „Budd Company" in Philadelphia her. Entworfen wurde das Rollmaterial in den fünfziger Jahren vom damals sicher gefragtesten Industriedesigner, Raymond Loewy.

Sämtliche von der VIA-Rail übernommenen, dampfbeheizten Chromstahlwagen sollen bis 1992 vollständig renoviert werden. Die staatliche Eisenbahn-Agentur hat sich dazu entschlossen, das historische Rollmaterial zu erhalten.

Ob alle Wagen aber auch tatsächlich fertiggestellt werden? Die Zukunft der VIA-Rail ist ungewiss, Sparmassnahmen der Regierung zwingen die kanadische Bundesbahn in die Knie. Verschiedenen Linien droht die Stillegung, einigen widerfuhr dieses Schicksal bereits Ende der achtziger Jahre.

Der Rotstift der Abgeordneten verschonte auch den „Canadian" nicht. Vier wöchentliche Zugspaare musste die VIA-Rail aus ihrem Fahrplan streichen, der direkte Anschluss von Mont-

Toronto
Ein neuer Wolkenkratzer, das **Chestnut Park Hotel** mit 522 Gästezimmern macht dem Holiday Inn, gleich gegenüber, seit einigen Jahren Konkurrenz. Die Adresse: 108 Chestnut Street, Toronto, Ontario M5G 1R3

Vancouver
Gegenüber dem „Elisabeth Theatre" und dem Airport Busterminal liegt das **Sandman Hotel** mit 216 komfortablen Zimmern und einem Swimmingpool. Adresse: 180 West Georgia Street, Vancouver, British Columbia V6B 4P4

Der „Canadian“ No. 1 verkehrt zwischen Toronto und Vancouver. Er führt 9 Wagen mit sich, darunter zwei Aussichtswagen. Da gerade einige Chromstahlwagen überholt werden, befindet sich ein blauer Pullmanwagen in der Komposition.

Im Führerstand wird der Lokführer bei seiner Arbeit von einem sprechenden Computer unterstützt (oben). Unten: Der chromstahlblitzende „Dome Car" bildet mit seinem abgerundeten Heck den perfekten Abschluss der Zugsformation.

Reiseinformationen „Canadian"

Ausgangspunkt
Toronto, Union Station

Endpunkt
Vancouver, VIA-Station

Route
Toronto—Sudbury—Capreol—Sioux Lookout—Winnipeg—Saskatoon—Edmonton—Jasper—Kamloops—Vancouver

Abfahrtszeiten
Toronto ca. 23.30
nur Dienstag, Donnerstag und Samstag

Umsteigen
ohne Umsteigen bis Vancouver

Reservationen und Zuschläge
Der „Canadian" ist ein reservationspflichtiger Zug. Zuschläge sind nur für die Schlafabteile zu entrichten.

Die besten Sitzplätze
Auf beiden Seiten, oder in den gläsernen Aussichtskuppeln der „Domecars".

réal nach Sudbury existiert nicht mehr. Vor wenigen Jahren berichtete ein deutscher Journalist noch vom „einzigen transkontinentalen Zug Amerikas", der täglich zwischen Montréal und Vancouver verkehrt. Die Druckfarben waren noch nicht ganz trocken, als die staatliche Agentur VIA-Rail bereits ihre Fahrpläne änderte. Viele Leser, die sich dazu entschlossen haben, eine Reise im „Canadian" anzutreten, suchten in Montréal vergebens den berühmten Chromstahlzug. Entäuscht stiegen sie in den Anschlusszug Montréal-Sudbury. Dieser führte die Passagiere zwar durch die gleiche Landschaft, sogar die Zugnummer stimmte — aber die Freude einer transkontinentalen Reise war gebrochen. In Sudbury hiess es umsteigen, der Chromstahlzug rollte von Toronto heran.

Noch immer bedeutet eine Reise im „Canadian" das grosse Amerika-Erlebnis. Durch eine landschaftlich vergleichbare Szenerie rollt auch der „Empire Builder" von Amtrak (Chicago-Seattle), die Reise mit dem „Canadian" bietet jedoch rund 1000 km mehr Strecke. Alle Eisenbahnfreunde werden aber aufgefordert, rasch einzusteigen, nur noch dreimal wöchentlich verlässt Zug Nr. 1 Toronto mit dem Ziel Vancouver. Möglicherweise werden in absehbarer Zukunft auch diese Verbindungen gestrichen.

Die Reise beginnt kurz vor Mitternacht im Hauptbahnhof von Toronto. Ganz

Player's
REVERSER
INVERSEUR

VIA
Glacier Park

Nachdem der „Canadian" Sudbury verlassen hat, befindet er sich bald im Gebiet des kanadischen Schild. Nach unzähligen Seen führt die Strecke auf die Prärie und weiter über den Yellowhead Pass durch die Rocky Mountains nach Vancouver.

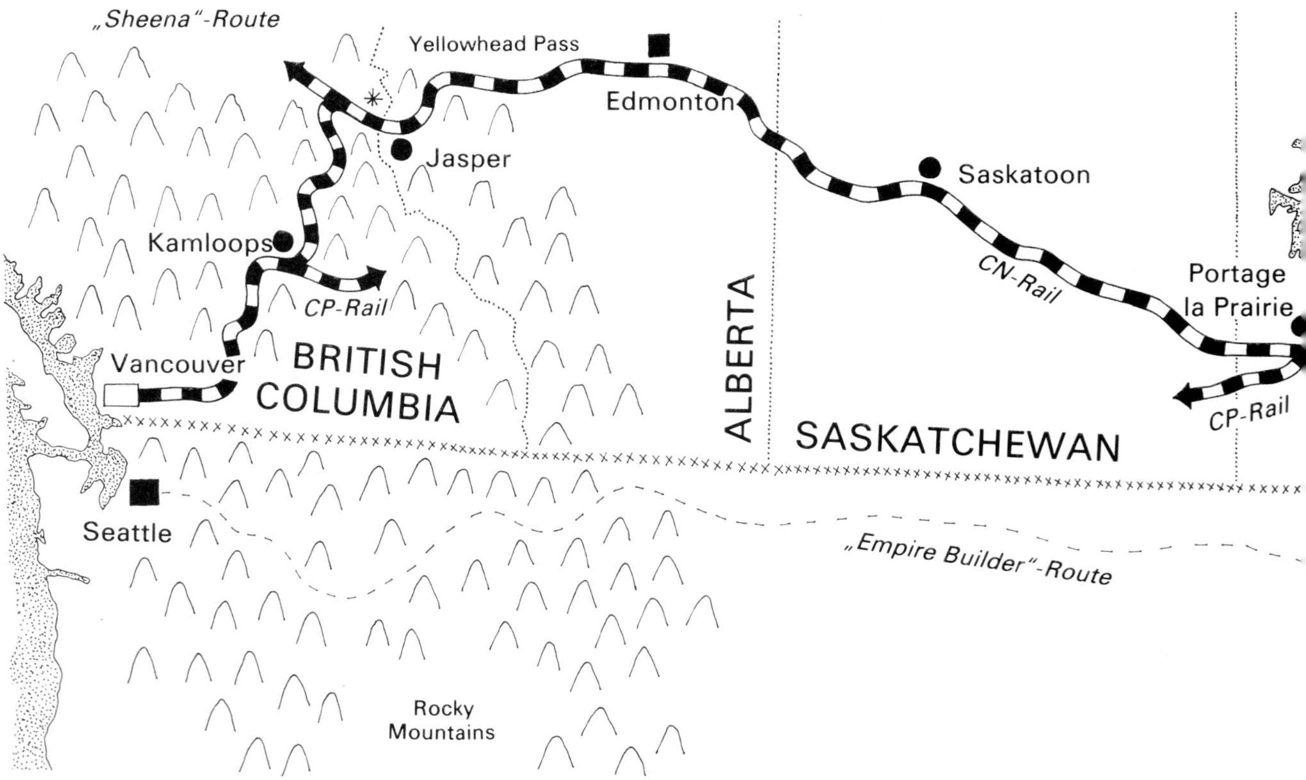

nah am Ufer des riesigen Lake Ontario liegt die Union Station im Zentrum der grössten Stadt Kanadas. Der Bahnhof aus dem Jahre 1927 hat für amerikanische Verhältnisse beachtliche Grösse. Dank den beliebten Doppelstock-Vorortszügen im grünen Gewand, den „GO-Trains", und den zahlreichen LRC-Verbindungen auf dem Korridor (VIA-Rail) blieb den Bahnhofshallen das geschäftige Treiben erhalten.
Eingecheckt wird wie überall in Nordamerika erst kurz vor der Abfahrt, Stewards stehen bei jeder Türe bereit, um den Passagieren das Gepäck abzunehmen und beim Einsteigen zu helfen. Wenig später rollt der „Canadian" in die Nacht hinaus, seinem mehrtägigen Amerika-Erlebnis entgegen.
Dem Reisenden werden Unterkünfte in drei Kategorien geboten. Im „Bedroom", eine Kabine für zwei Personen mit separatem WC und einem Schrank, wird die Schlafstätte tagsüber hochgeklappt. Zwei bequeme zusammenlegbare Sessel laden zum Verweilen ein. Et-

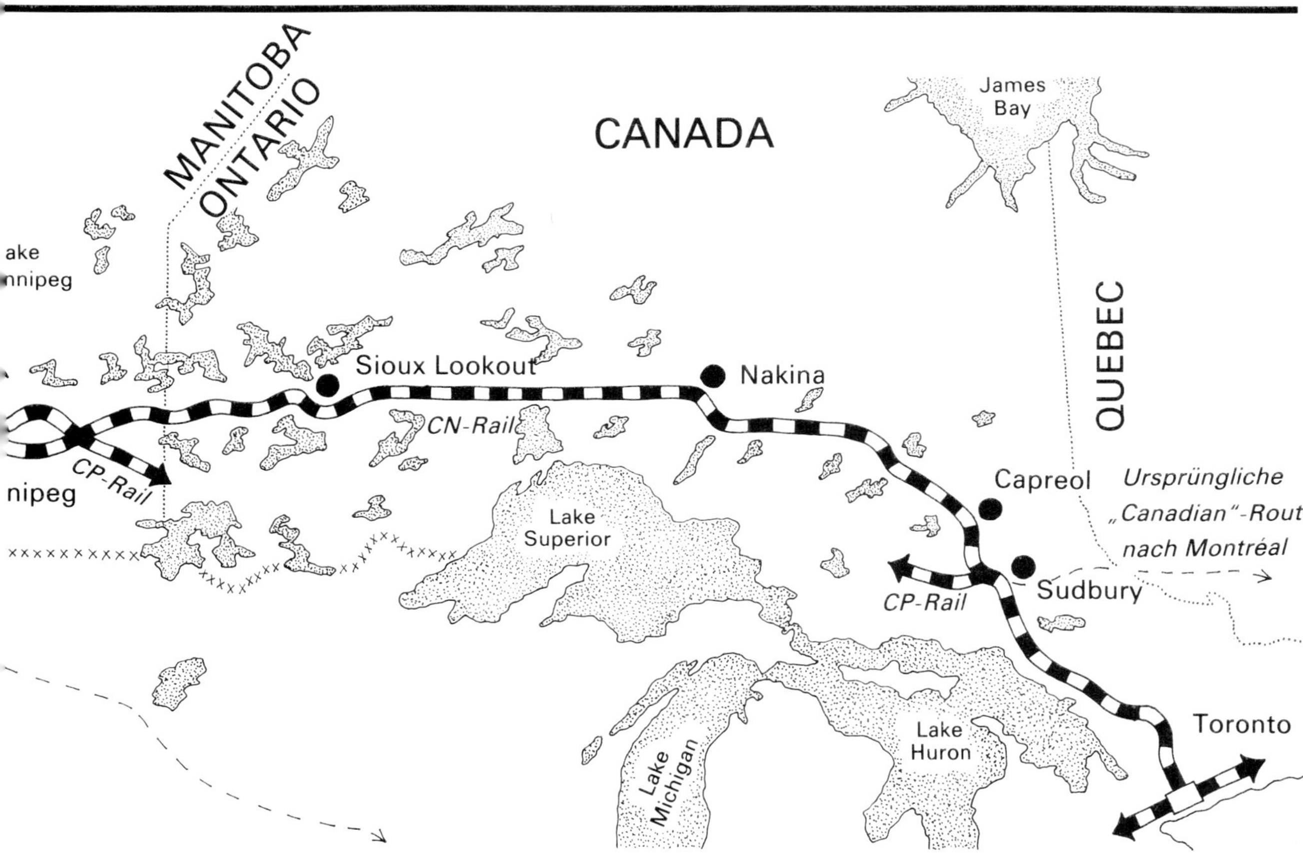

was eigenartig, nämlich auf der eigenen Toilette, schläft es sich im recht engen Einerabteil, dem „Roomette". Das Bett wird über dem „Örtchen" aufgebaut, nach einer „Sitzung" empfiehlt es sich den Bar- oder Aussichtswagen aufzusuchen. Die Fenster im „Canadian" lassen sich nicht öffnen, der Ventilator sorgt allerdings nach einigen Minuten für Frischluft. Auf dem Weg durch den Zug kommt man bei den „Section"-Unterkünften vorbei. Schon Mickey Mouse hat in einem alten Wald Disney Film ihren Hund Pluto hinter dem Vorhang einer „Section" versteckt. Der schlechtgelaunte „Conductor" Kater Karlo fand ihn trotzdem. Hunde, Katzen und andere Tiere dürfen noch heute nur im Gepäckwagen transportiert werden. Zwei „Domecars" mit ihren gläsernen Aussichtskuppeln locken viele Reisende an. Es ist nicht ganz einfach, einen Platz zu ergattern, da es sich die Dauersitzer darin recht bequem gemacht haben, und auch während den Mahlzeiten mit Pullovern oder Taschen den Platz besetzthal-

5524
5503
5503

Das Bahnareal in Sudbury ist in der Nacht hell erleuchtet (links oben). Links unten: Die Güterzüge der CP-Rail werden von bis zu sieben Loks gezogen und sind oft über einen Kilometer lang. Nicht immer geniesst der „Canadian“ Vortritt (unten).

ten. Frühaufsteher haben zum Zeitpunkt des Sonnenaufgangs die besten Chancen auf einen der begehrten Sitzplätze. Der Schlusswagen mit seinem abgerundeten Heck bietet ebenfalls eine attraktive Aussichtsloge auf die zurückliegende Strecke. Aber auch Aufenthaltsräume, zwei Bars, ein gediegener Salon (im Schlusswagen), zwei Snacks und der geschmackvoll eingerichtete Speisewagen machen die Reise zu einem Erlebnis. Man lebt im Zug, knüpft Bekanntschaften und geniesst die Landschaft. Wem die Fahrt in einem Schlafabteil zu teuer ist, reist in einem der drei Sitzplatzwagen an der Spitze des „Canadian". Die Fauteuils der Einheitsklasse sind so grosszügig bemessen, dass es sich darin bequem schlafen lässt. Gepolsterte Fussstützen und verstellbare Rückenlehnen garantieren für eine bequeme Nacht (besser als bei Amtrak).

Der Zug erreicht am ersten Morgen Sudbury, den Industrieort mit seinen grossen Nickelvorkommen. Die Mondlandschaft von Sudbury mag bei manchen Reisenden den Eindruck erwekken, über Nacht auf einem fremden Planeten gelandet zu sein. Zurück auf die Erde und mitten in die Wildnis der kanadischen Wälder findet man jedoch gleich nach der Abfahrt des Zuges. Der „Canadian" verlässt die Zivilisation und schlägt sich auf den nächsten tausend Kilometern durch die einsamen Nadelwälder. Alle hundert Kilometer hält der Zug an einer unbedeutenden Holzfällersiedlung, hier wird dem staunenden Passagier zum ersten Mal die Grösse des amerikanischen Kontinents bewusst. Es ist das Land der tausend Seen, ab und zu ein Blockhaus oder ein Kanu. Naturfreunde entdecken Biberbauten, und Geologen finden die Erklärung zu dieser Landschaft in der Eiszeit, als der Gletscher Hügel und Seen aushobelte.

Alte „Canadian"-Fans werden auf diesem Streckenabschnitt jedoch bitter enttäuscht, denn der Zug nimmt nicht mehr die bahntechnisch interessante Route entlang des Lake Superiors.

Die VIA-Rail verkaufte die Rechte vor kurzem an den Reiseveranstalter „Blyth" mit Sitz in Toronto. Dieser hat nach typisch amerikanischer Manier gleich einen ganzen Doppelstockzug in Auftrag gegeben und organisiert künftig zweimal im Monat eine Fahrt auf der klassischen „Canadian"-Route. Alle Kabinen in diesem Zug der Superlative haben Telefon, Fernsehen und Video. Einige Appartements besitzen sogar eine private Aussichtskuppel. In einem europäischen Restaurant werden Spezialitäten wie in einem Fünfsternhotel serviert. Die Fahrt bei „Blyth" kostet allerdings pro Person stolze 2000 bis 3500 kanadische Dollars. Dem fahrplanmässigen „Canadian" bleiben aber mit Gewissheit viele Einsenbahnfans treu.

Nach einer weiteren Nacht erreicht der „Canadian" am nächsten Morgen Winnipeg und damit die Ausläufer der gros-

Nächste Seite: Der „Canadian" bahnt sich seinen Weg durch den Fraser Canyon. Wegen eines Lokomotivausfalls wird er von einer alten F7-A Maschine gezogen (oben). Die neue EMD F40 bei einem Servicehalt in der Wildnis (unten).

sen Prärie. Nach einem längeren Aufenthalt setzt der Zug seine Reise auf der Route des „Super Continentals" fort. Das ehemalige Wahrzeichen der „Canadian National Railway" (CN-Rail) wurde vor kurzem definitiv aus dem Fahrplan gestrichen, nachdem der transkontinentale Zug bereits 1978 von VIA-Rail nur noch bis Winnipeg geführt wurde. Die Ironie des Schicksals will es, dass heute ausgerechnet der „Canadian", das Konkurrenzprodukt aus dem Hause der „Canadian Pacific Railway" (CP-Rail), die ursprüngliche Strecke des „Super Continentals" und damit die Gleise der CN-Rail benutzt.

Soweit das Auge reicht, zieht sich die Prärie mit ihren wogenden Kornfeldern über die Provinz Saskatchewan.

Mitten in der Ebene kreuzt die Linie der CN-Rail ein Gleis der CP-Rail. Die beiden Konkurrenten bauten in der Folge gemeinsam einen Turm, von dem aus ein Wärter nach nahenden Zügen Ausschau hielt, und die Formsignale von Hand auf „freie Fahrt" stellte. Heute regeln automatische Lichtsignale den Verkehr. Nach der Stadt Edmonton in der Provinz Alberta gelangt der „Canadian" schon bald in das Einzugsgebiet der Rocky Mountains und steigt unaufhaltsam in Richtung Yellowhead Pass. Die „Grand Trunk" und die „Canadian Northern" (heute CN-Rail) kämpften 1912 um jeden Bahnkilometer Kopf an Kopf, um als erste den Pass zu erreichen. Stellenweise verlegten die beiden Bahnen ihre Geleise so dicht beieinander, dass das Trassee den Eindruck einer Doppelspurlinie erweckte. Der „Canadian" sucht heute seinen Weg in die Rocky Mountains über den Schienenstrang der „Grand Trunk", die Gleise der „Canadian Northern" sind stellenweise noch zu erkennen.

Nach Jasper überquert der „Canadian" in den Morgenstunden des dritten Tages den Yellowhead Pass (1134 m ü.M.) und gleichzeitig die kontinentale Wasserscheide mit der Grenze zwischen den Provinzen Alberta und British Columbia. Die atemberaubende Fahrt durch einen der schönsten Nationalparks Amerikas findet eine ebenbürtige Fortsetzung am Moose Lake und Redpass, wo die Strecke des „Skeena"-Zuges Nr. 5 nach Prince Rupert an der Pazifikküste abzweigt.

Es lohnt sich, an diesem Tag früh aufzustehen und einen Platz im „Domecar" zu erwischen. Von dieser erhöhten Loge, mit Blick auf den sich durch die Berge schlängelnden Zug, entgeht dem Reisenden kein Moment der eindrücklichen Fahrt. Da gibt es tiefe Schluchten, Brükken, Tunnels, imposante Berggipfel mit senkrechten Felswänden und Gletschern, leuchtende Bergseen und einsame Grizzlitäler. Genauso hat man sich doch die Rocky Mountains vorgestellt. Für einmal hält das Klischee, was es verspricht.

Das Ziel Vancouver wird am späten Abend des gleichen Tages erreicht.

VIA

6421
6421
VIA
6421

Reise 10

Mit dem „Desert Wind" auf den Spuren des amerikanischen Bahnwestens

Chicago hinter sich lassend, durchquert der „Desert Wind" die „Great Plains" und arbeitet sich durch die Rocky Mountains (unten). Drei Lokomotiven ziehen den schweren Doppelstockzug durch das imposante Berggebiet (S. 73).

Die Route des „Desert Wind", des „California Zephyr" und „Pioneer" darf sicher zu den schönsten und beliebtesten von ganz Nordamerika gerechnet werden. Jährlich reisen mehrere hunderttausend Touristen in den drei Zügen, die täglich den Eisenbahnknotenpunkt Chicago mit der Westküste der Vereinigten Staaten verbinden.
Die Fahrt beginnt in der 7 Millionen Einwohner zählenden Industriemetropole Chicago, einst die Eisenbahnstadt der Vereinigten Staaten.

Ein Blick auf den Fahrplan zeigt, dass die drei doppelstöckigen Superliner „California Zephyr" (nach San Francisco), „Desert Wind" (nach Los Angeles) und „Pioneer" (nach Seattle) auf dem selben Bahnsteig zur gleichen Uhrzeit bereitstehen. Also aufgepasst beim Einchecken, in Salt Lake City werden die drei Züge auseinandergekoppelt und setzen ihre Fahrt auf verschiedenen Wegen fort.
Einmal im Zug, werden die Fahrgäste über Lautsprecher aufgefordert, den

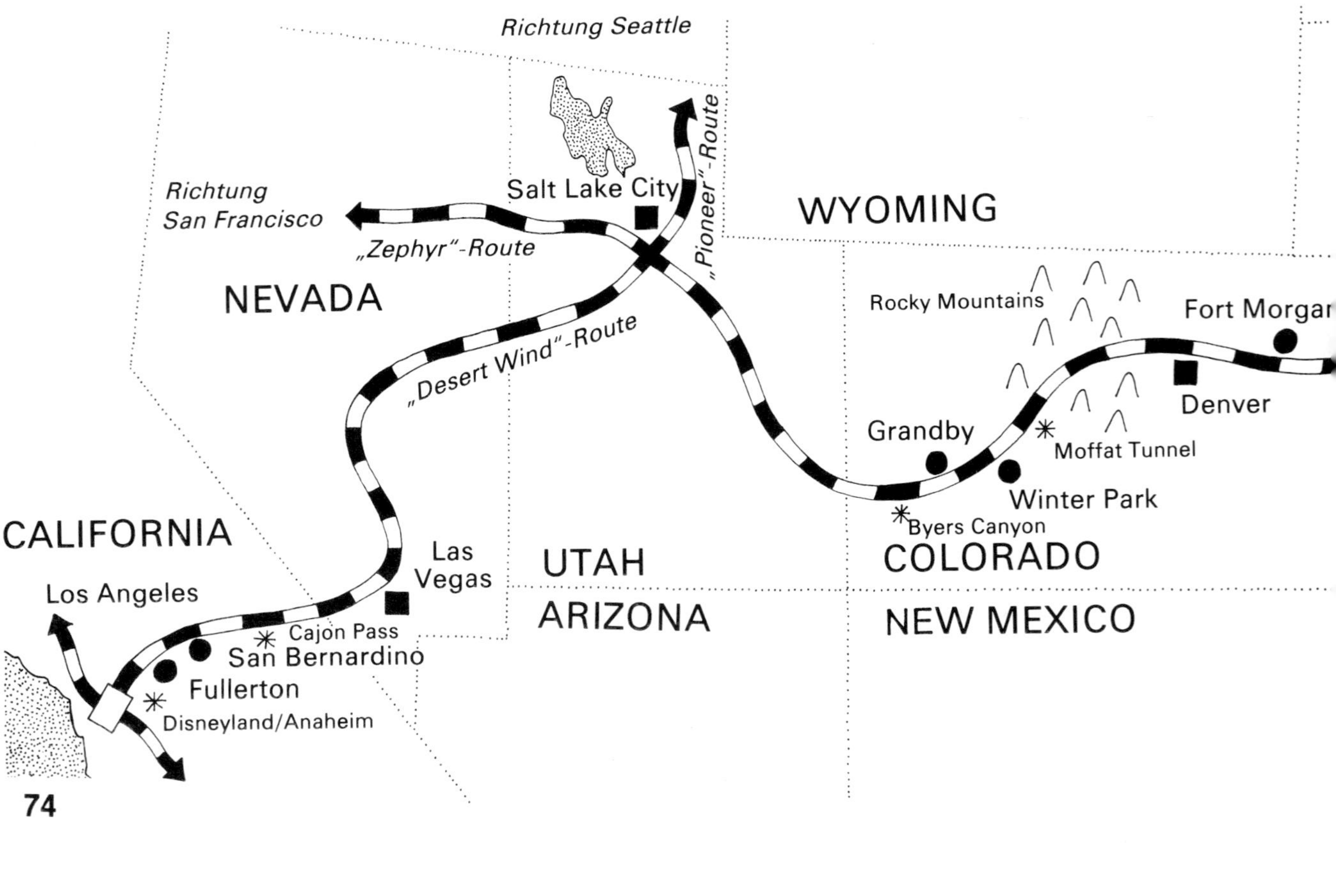

Sitzplatz bis zur Fahrscheinkontrolle durch den „Conductor" (der Oberbefehlshaber an Bord) nicht zu verlassen. Die Erkundung des gut 20 Wagen umfassenden Doppelstockzuges wird also auf später verschoben. Nach der mit Gewissheit verspäteten Abfahrt — es wird nie jemand erfahren weshalb — setzt sich der Superliner in Bewegung. Wie in den meisten amerikanischen Grossstädten wurde auch die Union Station von Chicago unterirdisch angelegt. Bereits nach wenigen Sekunden erreicht der Amtrak-Zug jedoch das Tageslicht und fährt behutsam über die Weichen der ausgedehnten Bahnbetriebsanlagen. Der Eisenbahnfreund wird an dieser Stelle interessantes Rollmaterial einer ganzen Palette von Bahnen entdecken.

Wer bisher der Überzeugung war, alle amerikanischen Eisenbahnen bummeln im Schrittempo über desolate Schienenstränge der Gründerzeit, wird schnell eines besseren belehrt. Die erste Etappe nach Denver wurde von der

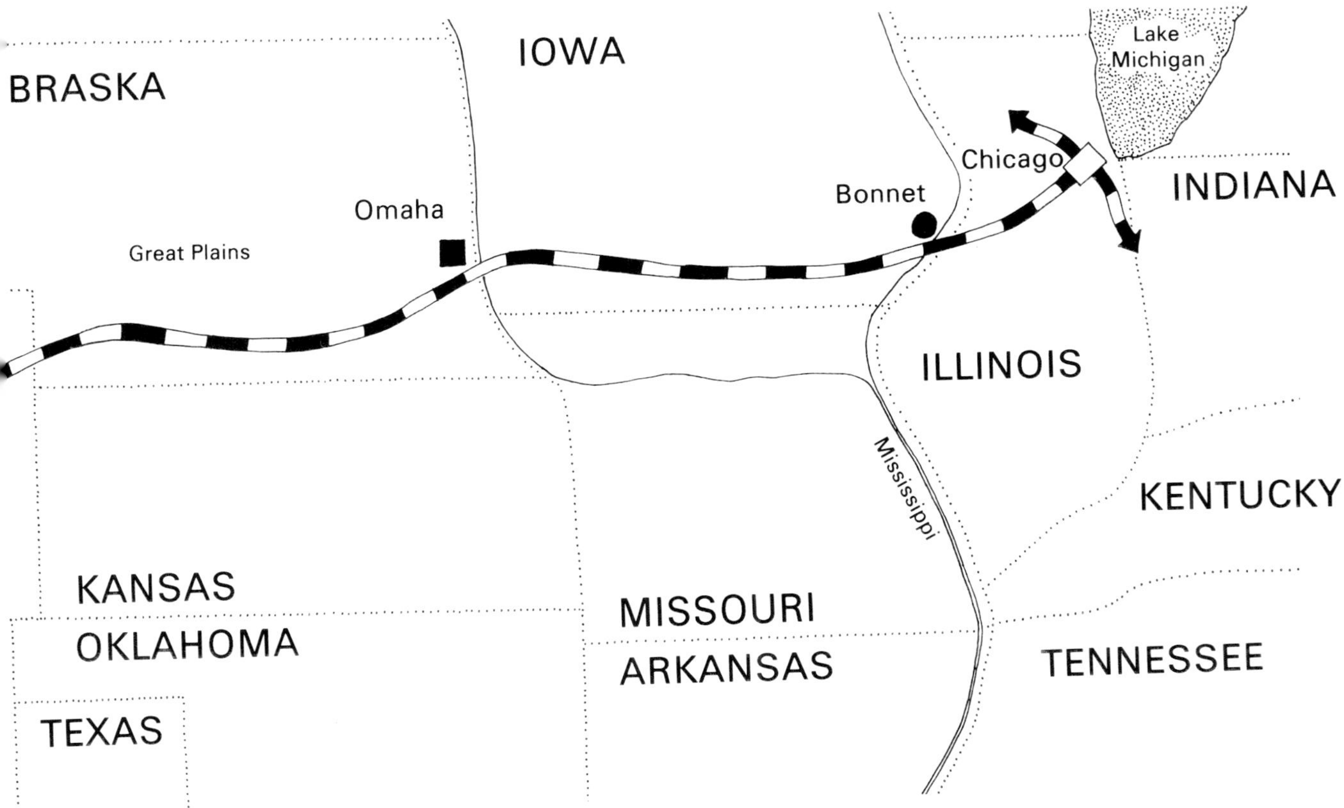

zweitgrössten amerikanischen Frachtgesellschaft, der Burlington Northern Company (Streckennetz: 55,786 km), schon vor Jahren durchgehend auf Doppelspur ausgebaut. Wenn heute der Amtrak-Zug mit 79 Meilen (ca. 127 km/h) durch die Staaten Illinois, Iowa und Nebraska jagt, bezahlt die innovative Regierungsgesellschaft eine stattliche Streckenbenutzungsgebühr an die Burlington Northern.

Güterzüge haben in den USA immer Vortritt. Mit etwas Glück und der richtigen Verspätung wird der Mississippi River bei Bonnet gerade zum Zeitpunkt des Sonnenuntergangs erreicht (Foto!). Auf der gut dreistündigen Fahrt bis zum grössten Fluss Nordamerikas dürfte auch der Erkundungsgang durch den fast 500 m langen Zug abgeschlossen sein.

Der Superliner ist ein eigentlicher Hotelzug mit Sitz- und Schlafwagen, Speisewagen und einem „Lounge-Car", der mit grossen Panoramafenstern und Video-Vorführungen aufwarten kann. Ein Klassenunterschied besteht nicht. Die Sessel der älteren Wagen sind so grosszügig bemessen, dass auch am Platz übernachtet werden kann. Stark gekrümmt und recht unbequem schläft es sich dagegen in den Superlinern neueren Datums (zu erkennen an den blau gepolsterten Sitzen). Wer den Aufpreis für ein Schlafwagenabteil bezahlt, hat die Wahl zwischen einem Economy-, Family- und Deluxe-Bedroom.

Im Untergeschoss befinden sich die Toiletten, weitere Sitz- resp. Schlafgelegenheiten sowie die „Einstiegslucken".

Im Speisewagen finden an 18 Tischen 72 Personen Platz, und im Lounge-Car mit seinen Panoramafenstern ist selten ein Platz frei. Eine Chance besteht, wenn zum Essen gerufen wird. Dauersitzer mit Erfahrung legen in diesem Fall jedoch eine Jacke über ihren Stuhl. Wem es dennoch gelungen ist, einen der begehrten Plätze zu erobern, geniesst die Fahrt aus der Sperrsitzperspektive, findet Zeit zu einem Schwatz oder verfolgt den abendlichen Film an einem der beiden Monitore.

Die grossen Ebenen des Mittleren Westens, insbesondere die „Great Plains" von Nebraska und dem östlichen Colorado, durchquert der Zug in der Nacht. Von diesen für den Reisenden recht langweiligen Strecken erlebt der Frühaufsteher gerade noch die westlichen Ausläufer bei Fort Morgan. Die „Plains" zeigen sich dabei von ihrer besten Seite — abwechslungsreiche Hügelzüge (Roling Prairie), Rinder, ab und zu eine Farm. Der „Conductor" meldet sich bereits recht früh über den Lautsprecher, macht auf das Frühstück und das Vorwärtsstellen der Uhr um eine Stunde aufmerksam (Mountain Time). Vor dem eigentlichen Höhepunkt der Reise, dem Aufstieg zu den Rocky Mountains, legt der Superliner in Denver einen 45 minütigen Servicehalt ein. Wer nicht die Stewards beim Putzen und Aufräumen in-

Von der Union Station in Denver (unten) verkehrt im Winter ein zweiter Zug in die Rocky Mountains: Der D&RGW „Ski-Train" nach Winterpark. Das schwächer werdende Licht spiegelt sich in den Chromstahlwagen (S. 76/77).

Chicago
Zu den luxuriösesten Hotels der USA zählt das frisch renovierte **Hotel Chicago Hilton and Towers**, das keine Wünsche offen lässt. Adresse: 720 South Michigan Ave., IL 60602

Anaheim
Nur einen Block vom Disneyland entfernt liegt das **Holiday Inn Anaheim**. Hoteleigene Busverbindungen zum Parkeingang und zum Internationalen Flughafen. Adresse: 1850 South Harbour, Anaheim, CA 92802

Eine Erfrischung gefällig? Im Lounge-Car gibt es, was das Herz begehrt (oben rechts). Mit der Draisine ist ein Bahnarbeiter unterwegs zur Baustelle (oben links). Abenteuerliche Fahrt durch den Byers-Canyon in Colorado (unten).

spizieren will, steigt aus und erkundet die Umgebung der Union Station. Viel wird man bei diesem kurzen Stop von der 1,8 Millionen-Stadt, die sich in ihren Prospekten gern als sauberste und reichste Metropole der USA zu erkennen gibt, allerdings nicht sehen. Nach der Boarding-Zeremonie (Schlangestehen) nimmt der „Desert Wind" durch eine zusätzliche 3000 PS-Maschine von General Motors die Ostrampe der Rokky Mountains in Angriff. Der Amtrak-Zug benutzt für diese spektakuläre Fahrt die Trasse der Denver & Rio Grande Western Railraod (D&RGW), welche 1988 an die Southern Pacific verkauft wurde. Noch heute betreibt die Rio Grande in Konkurrenz zur Amtrak an Wochenenden einen fahrplanmässigen „Ski Train" ins schneesichere Winterpark.

Die erste Talstufe nimmt der Zug mittels einer eindrücklichen Kehrschleife. Da der Wind gelegentlich mit bis zu 170 Stundenkilometern über die exponierte „Big 10"- Kurve bläst, wurden zum Schutz der hohen Züge 24 alte, mit Schotter gefüllte Güterwagen auf der windexponierten Seite fest verankert. Der Reisende geniesst am rechten Wagenfenster auf der über 80 Kilometer langen Rampe einen herrlichen Ausblick auf die „Great Plains". 29 Tunnels durchquert der Zug bei der Überwindung von 1200 Höhenmetern — der kürzeste misst gerade 25 m, der Moffat-Tunnel dagegegen nimmt auf der Liste der längsten Eisenbahntunnels der Welt mit rund 10'000 m Länge den sechsten Platz ein. Vor der Eröffnung des Scheiteltunnels im Jahre 1928 führte die Trasse auf abenteuerlichen Wegen über den 3550 m ü.M. gelegenen Rollins Pass.

So überraschend wie die grünen Fichtenwälder erschienen sind, so plötzlich verschwinden sie wieder. Nach kaum einer halbstündigen Fahrt jenseits der kontinentalen Wasserscheide mündet die Trasse nach Granby in den Byers Canyon. Nach der Schlucht mit ihren pagodenartigen Felsen fristet bereits eine karge Wüstenvegetation ihr Dasein. Der Zug schlängelt sich entlang des Colorado River von einem Canyon in den anderen. Spät abends erreicht der Zug Salt Lake City und wird für die Fortsetzung der Fahrt aufgesplittet.

Nach einer zweiten Nacht im „Desert Wind" kommt der Superliner in den frühen Morgenstunden in Las Vegas an, diesmal auf den Gleisen der Union Pacific. Die Uhr wird erneut um eine Stunde vorgestellt (Pacific Time), und wer sein Geld an die Spielautomaten der Show-Stadt verfüttern möchte, unterbricht hier die Reise. Alle anderen fahren bereits wenige Minuten später durch die endlosen Wüstengebiete des Staates Nevada.

Kurz vor San Bernardino überquert der Zug den Cajon Pass (1100 m ü.M.) und sticht auf der bis zu 30 Promille geneigten Trasse zum Pazifik hinunter. Die Southern Pacific erbaute 1967 parallel

Drei Lokomotiven, drei Gepäckwagen und bis zu 20 Doppelstockwagen geben dem „Desert-Wind" eine Länge von fast 500 Metern (links). Der Sonnenaufgang in der Wüste lässt die Kreuzung mit einem Frachtzug zum Erlebnis werden (unten).

Reiseinformationen „Desert Wind"

Ausgangspunkt
Chicago, Union Station

Endpunkt
Fullerton, Bus nach Anaheim (Diesneyland)

Route
Chicago—Mississippi River—Great Plains—Denver—Rocky Mountains—Colorado River—Salt Lake City—Las Vegas—Cajon Pass—Fullerton—Anaheim (Disneyland)

Abfahrtszeiten
Chicago ca. 15.15

Umsteigen
In den Wagen des „Desert Wind" bis Fullerton ohne Umsteigen, von dort mit dem Bus nach Anaheim

Reservationen und Zuschläge
Alle Amtrak-Superliner müssen über die gebührenfreie Telefonnummer 1-800-872-7245 oder das nächste Reisebüro reserviert werden, es empfiehlt sich eine rechtzeitige Bestätigung des Tickets.

Die besten Plätze
rechts

zur Santa Fe und Union Pacific-Linie ein eigenes Gleis, um ihrem steigenden Verkehrsaufkommen gerecht zu werden. Güterzüge mit bis zu 7 Lokomotiven und 7500 Tonnen Last quälen sich auf beiden Linien mühsam über den Cajon-Pass. Wer ins Disneyland fährt, verlässt in Fullerton den „Desert Wind". Der Bahnhof im spanischen Stil trägt noch immer die stolze Aufschrift der Santa Fe Railway. Der Bus Nr. 43 nach Anaheim (Disneyland) wartet gleich hinter dem gepflegten Bahnhofsgebäude.

Der Lounge-Car ist wohl der beliebteste Wagen im Zug. Hier gibt es kleine Snacks, und am Abend werden Videofilme vorgeführt (unten). Auf dem Cajon-Pass (1100 m ü.M.) überholt Amtrak einen Santa Fe-Güterzug (S. 86).

Von Anaheim ist es nicht mehr weit zum Internationalen Flughafen von Los Angeles. Um ins eigentliche Zentrum der zweitgrössten Stadt der USA zu gelangen, fährt man von Fullerton mit Amtrak (mehrere Verbindungen am Tag) weiter westwärts. Der 1939 erbaute Union Passenger Terminal von Los Angeles hat schon bessere Tage gesehen. Die meisten Gleise wurden entfernt, da sich der Kalifornier noch mehr als alle anderen Amerikaner dem Auto und Flugzeug verschworen hat. An den Glanz der vierziger Jahre erinnern aber noch immer die riesigen Kronleuchter, der parkähnliche Garten und der Wartesaal mit seinen Ledersesseln, in denen schon Marylin Monroe und Bing Crosby auf die nächsten Verbindungen zur Ostküste gewartet haben.

5373
5373
SANTA FE

Am frühen Morgen bringt uns das Taxi zum Bahnhof der Chihuahua—Pazifik—Bahn (Ch-P), der weit im Süden des Stadtzentrums an der Ecke Calle Mendez/Calle 20 liegt. Der „tren estrella" (Starzug) steht schon bereit, der Fahrkartenschalter ist geöffnet.

Neben dem reservierten Sitzplatz im klimatisierten Erstklasswagen bietet der Starzug mit dem klangvollen Titel „El Nuevo Chihuahua-Pacífico" seinen Fahrgästen vor allem ein Gratis-Frühstück am Platz sowie die Möglichkeit, den Barwagen aufzusuchen, der neben einer bescheidenen Getränkeauswahl auch Sandwiches und gelegentlich frische Früchte anbietet.

Die meisten Mexikaner scheinen eine Abneigung gegen Licht und schöne Landschaften zu haben. Anders ist es nicht zu erklären, dass sich kurz nach der pünktlichen Zugsabfahrt um 07.00 Uhr rasch sämtliche Fenstervorhänge schliessen, als die Sonne über dem Horizont auftaucht. Es bleibt uns nichts anderes übrig, als frei gebliebene Plätze im Nachbarwagen aufzusuchen, wo wir einigermassen durchsichtige Fensterscheiben vorfinden und die Vorhänge der vielen leeren Abteile alle vollständig zurückziehen können, ohne uns böse Blicke einzuhandeln.

Der Umzug lohnt sich. Die wüstenähnliche, flache Landschaft um Chihuahua (1400 Meter über Meer) wird zunehmend gebirgig. Zahlreiche Bauernhöfe und bebaute Felder zeigen an, dass wir

Chihuahua
Gleich neben der Kathedrale im Stadtzentrum befindet sich das Hotel **San Francisco**, welches neben einladenden Zimmern einen einwandfreien 24-Stunden-Service bietet, der bei Zugsankünften mitten in der Nacht sehr wichtig sein kann. Hoteladresse: Calle Victoria 409, Chihuahua

Divisadero Barrancas
Buchstäblich am Abgrund, aber auf sicherem Fels, befindet sich das Hotel **Cabañas Divisadero Barrancas**. Der Zug hält direkt vor dem rustikalen Hoteleingang (Tel. 12 33 62).

Los Mochis
Wer im **Santa Regina** gebucht hat, wird auf dem Bahnhof vom Hotelbus abgeholt resp. am Morgen zum abseits gelegenen Bahnhof gebracht. Hoteladresse: Calle Leyva/Calle Hidalgo, Los Mochis

1026
1026
8773

Im Bahnhof von San Rafael wird die Lok abgekuppelt, geschmiert und aufgetankt (unten). Kreuzung mit einer Draisine auf 2400 m ü.M. Die Aussicht ist von manchen Orten einfach unbeschreiblich (Bilder Seite 91).

In 50 Metern Höhe führt die FNM-Linie über den Rio Fuerte. Der Strom entwässert in der Sierra Madre ein Gebiet, das grösser ist als die Schweiz. Mitten im Dschungel bildet die Fahrt über die 500 m lange Brücke ein grossartiges Erlebnis.

Reiseinformationen „El Chihuahua-Pacifico"

Ausgangspunkt
Chihuahua, Bahnhof an der Calle Mendez 24a

Endpunkt
Los Mochis (Bahnhof ausserhalb der Stadt)

Route
Chihuahua—Cuautémoc—La Junta—Creel—Los Ojitos—Divisadero Barrancas—Sufragio—Los Mochis

Abfahrtszeiten
Chihuahua ca. 7.00 (täglich)

Umsteigen
ohne Umsteigen bis Los Mochis

Reservationen und Zuschläge
Die obligatorische Platzreservation ist in einem Reisebüro oder in einem der grösseren Hotels vorzunehmen (auch Tickets gibt es dort).

Die besten Plätze
Ab Chihuahua links sitzen, in der Gegenrichtung ab Los Mochis rechts!

uns der fruchtbaren Region von Cuautémoc nähern, wo sich im letzten Jahrhundert die aus Deutschland stammende Glaubensgemeinschaft der Mennoniten ansiedelte und dem ursprünglich steinigen Boden die ersten Ernten abrang. Noch immer kann man hier (gelegentlich auch in Chihuahua) die nach der Sitte des frühen 19. Jahrhunderts gekleideten Mennoniten auf ihren Pferdegespannen antreffen; ihre Bibelauslegung lässt moderne Kleider sowie die Verwendung von Motoren und Kunst-

dünger in der Landwirtschaft nicht zu. Bald steigt die Strecke zum ersten Mal auf über 2200 Meter über Meer. In La Junta, 185 km sind schon zurückgelegt, kann man auf den dreimal wöchentlich verkehrenden Zug über Casas Grandes nach Ciudad Juárez umsteigen.

Schon wenige Kilometer hinter La Junta ändert sich die Landschaft. Schwarzstämmige Kiefern, muntere Flüsschen und blanke Felsen erinnern an Europa. Das Engadin und Skandinavien scheinen viel näher zu liegen als Acapulco und Chichén Itzá. Blockhütten und mit dünnen Kiefernstämmen eingezäunte üppige Weiden verstärken diesen Eindruck. Schon könnte man sich vorstellen, nächstens in St. Moritz oder Trondheim einzutreffen, als unendlich scheinende Bretterstapel und eine währschafte Holzfällersiedlung im Wildwest-Stil in die Wirklichkeit zurückführen. San Juanito und das benachbarte Creel sind Zentren der Holzwirtschaft in der Sierra Madre. Das Kiefernholz bildet eines der wichtigsten Transportgüter der

1034

Ein klarer Fluss zwischen Geröll, Kieferwäldern und Weiden — auch das ist Mexiko (unten). Die Eisenbahnlinie folgt über etliche Kilometer dem Oberlauf des Rio Conchos. Links: Kreuzung mit einem Güterzug in der Nähe von Creel.

Ch-P-Bahnlinie. In einem 1200 Meter langen Tunnel unterqueren wir übrigens kurz vor Creel die Kontinental-Wasserscheide.
38 km vor unserem ersten Ziel erreichen wir den höchsten Punkt der ganzen Bahnstrecke: Los Ojitos liegt auf 2481 Meter über Meer, immerhin 228 Meter höher als der Scheitelpunkt der berühmten Berninabahn. Zwei Kilometer hinter Los Ojitos beschreibt die Strecke eine offene 360 Grad-Kehre, wobei die tiefer gelegenen Gleise in Fahrtrichtung links mehrmals zu sehen sind.
Absoluter Höhepunkt jeder Ch-P-Bahnfahrt ist zweifellos der Aufenthalt in Divisadero Barrancas, hart am bis zu 1500 m tiefen Abgrund gelegen. Hier vereinigen sich die Barranca del Cobre (engl. Copper Canyon, dt. Kupfer-Schlucht) und die Barranca de Tararecua mit der Schlucht des in der Nähe der Bahnstation entspringenden Arroyo zur Barranca de Urique. Das ganze Schluchtensystem umfasst eine Länge von rund 1600 km und eine Fläche von mehr als 40'000 km^2, also etwa das Gebiet der Schweiz. Nach mexikanischer Berechnungsart hätte der weltberühmte Grand Canyon des Colorado River hier bequem drei oder vier Mal Platz! Von Divisadero Barrancas lässt sich ein schöner Teil des Schluchtensystems überblicken, geführte Spaziergänge und Ausritte auf gutmütigen Gebirgspferdchen eröffnen andere spektakuläre Aussichtspunkte in der näheren Umgebung.
Wir haben eine Übernachtung im 1973 eröffneten Hotel „Cabanas Divisadero Barrancas" gebucht, welches romantische berghüttenartig ausgebaute Zimmer mit gutem Komfort bietet. Besonders reizvoll ist die Lage dieses Hotels zwischen der Bahnstation und dem Abgrund.
Nach Divisadero Barrancas fährt der Zug fast ständig bergab, meist mit einem Gefälle von 25 Promille. Nach kurzer Zeit tauchen die ersten Laubbäume auf, unversehens verschwinden die Kiefern aus dem Blickfeld, schon mischen sich Säulenkakteen zwischen die immer dichter stehenden Urwaldbäume. Nach drei Stunden befinden wir uns mitten im tropischen Dschungel, wir haben seit Divisadero Barrancas 1800 Höhenmeter verloren. Leider ist es in der Zwischenzeit auch schon dunkel geworden. Einige Sehenswürdigkeiten, wie den längsten und den höchsten Viadukt der Bahnlinie, die eindrückliche Doppelkehrschleife und die Einweihungs-Gedenkstätte von Temoris, erleben wir leider nur noch im Halbdunkel. Wir übernachten in Los Mochis, der Endstation unseres Zuges.
Weil wir auch den tiefer gelegenen Streckenteil bei Tageslicht kennenlernen möchten, haben wir uns für die Rückfahrt nach Chihuahua entschlossen.